JN299962

法政大学イノベーション・マネジメント研究センター叢書 | 5

企業家活動でたどる 日本の金融事業史

わが国金融ビジネスの先駆者に学ぶ

法政大学イノベーション・マネジメント研究センター
宇田川 勝
［監修］

長谷川 直哉・宇田川 勝
［編著］

東京 白桃書房 神田

監修にあたって

　私たちは，1997年から法政大学産業情報センター（現・イノベーション・マネジメント研究センター）の研究プロジェクトとして企業家史研究会を発足させ，日本経営史上の主要テーマと，それをもっともよく体現した企業家活動のケースについて発掘・考察に努めている。そして，その成果を順次，下記の共著の形で刊行してきた。
(1) 法政大学産業情報センター・宇田川勝編『ケースブック　日本の企業家活動』（有斐閣，1999年）
(2) 法政大学産業情報センター・宇田川勝編『ケース・スタディー　日本の企業家史』（文眞堂，2002年）
(3) 法政大学イノベーション・マネジメント研究センター・宇田川勝編『ケース・スタディー　戦後日本の企業家活動』（文眞堂，2004年）
(4) 法政大学イノベーション・マネジメント研究センター・宇田川勝編『ケース・スタディー　日本の企業家群像』（文眞堂，2008年）
(5) 宇田川勝・生島淳編『企業家に学ぶ日本経営史』（有斐閣，2011年）
(6) 宇田川勝・四宮正親編著『企業家活動でたどる日本の自動車産業史』（白桃書房，2012年）

　(1)～(4)の著作はケース集で，日本経営史の主要テーマに即して代表的な企業家2名を取り上げ，両者の企業家活動の対比を通してテーマとケースについての解説と検討を行い，4冊で総計46テーマ・92名の企業家を登場させた。(5)の著作は2007～2008年度に開催された社会人向けの公開講座「日本の企業家史・戦前編」「同・戦後編」の講義と，そこでの議論を踏まえて作成された日本経営史・企業家史の教科書である。同書は上記のケース集の中から選りすぐった22のテーマ・ケース（企業家は1名に限定）と4つのコラムを収録し，企業家のダイナミックな活動を通して，日本経営史をいきいきと描いている。(6)の著作は，今回の「企業家活動でたどる日本の産業（事業）史」シリーズの第1巻である。

　このシリーズは，起業精神に富み，革新的なビジネス・モデルを駆使して産業開拓活動に果敢に挑戦し，その国産化を次つぎに達成していった企業家たちの活動を考察することを目的としている。明治維新後，約30年間で西欧先進国以外で最初の産業革命を実現し，そして第二次世界大戦で廃墟と化した日本を再建し，「経済大国」に発展させた原動力が企業家たちの懸命な産業開拓活動にあったことは多言を要しない。

　いま，日本経済はバブル崩壊後の混迷から脱出し，また，進行する少子高齢化社会に新たな活路を切り開くため，産業構造の転換と新産業の創出が至上命題になっている。私たちが，先人たちの産業開拓活動に取り組んだ「創造力」と「想像力」から学ぶべき事は多いと思われる。

　今後も企業家史研究会メンバー以外の方にも講師をお願いし，公開講座を実施したのち，その成果を取りまとめて，順次刊行する予定である。

　本シリーズが上記の著作と同様に多くの読者を得，日本経営史・企業家史の研究

と学習に資することができれば望外の喜びである。
　最後に，編集にあたりご尽力いただいた白桃書房代表取締役社長大矢栄一郎さんにお礼を申し上げるとともに，法政大学イノベーション・マネジメント研究センターより刊行助成を受けたことを記しておく。

　　　　　　　　　　　　　　　　　　　　　　　　　　　　宇田川　勝

法政大学イノベーション・マネジメント研究センター公開講座

企業家活動でたどる日本の金融事業史
―わが国金融ビジネスの先駆者に学ぶ―

金融システムは経済の動脈といわれ、経済活動のインフラとしての機能を担ってきました。しかし、サブプライムローンやリーマンショックなど複雑化した金融システムに端を発した不況が、わたしたちの生活にさまざまな影響を与えています。今回の講座では、金融事業における代表的な企業家を取り上げ、彼らの経営思想や革新的な行動を通して、わが国金融システムの歴史的発展過程とその特色を検証します。21世紀の金融システムのあり方を展望するうえで、彼らの活動は示唆に富み、学ぶべき教訓は多いと思われます。講師は、イノベーション・マネジメント研究センターの研究プロジェクト「企業家史研究会」のメンバーと外部の専門家が担当します。

講座内容
※開場は、全日12：30からです。

第1部 2011年10月22日（土）
- 13：00～14：20 **日本の金融事業事始①：渋沢栄一（金融制度の創設）**
  島田 昌和（しまだ まさかず）文京学院大学経営学部教授、学校法人文京学園副理事長
- 14：30～15：50 **日本の金融事業事始②：安田善次郎（金融財閥の誕生）**
  迎 由理男（むかい ゆりお）北九州市立大学経済学部教授

第2部 2011年11月19日（土）
- 13：00～14：20 **財閥と銀行業①：益田孝／団琢磨（三井財閥と銀行業）**
  粕谷 誠（かすや まこと）東京大学大学院経済学研究科教授
- 14：30～15：50 **財閥と銀行業②：松本重太郎／岩下清周（大阪財界と銀行業）**
  黒羽 雅子（くろはね まさこ）山梨県立大学国際政策学部教授、「企業家史研究会」メンバー

第3部 2011年12月17日（土）
- 13：00～14：20 **証券業の創成：野村徳七（野村証券）／小池国三（山一証券）**
  野村 千佳子（のむら ちかこ）山梨学院大学経営情報学部教授
- 14：30～15：50 **保険業の創成：矢野恒太（第一生命）／各務鎌吉（東京海上）**
  長谷川 直哉（はせがわ なおや）法政大学人間環境学部教授、イノベーション・マネジメント研究センター所員、「企業家史研究会」メンバー

会　場	法政大学市ヶ谷キャンパス ボアソナード・タワー25階 イノベーション・マネジメント研究センター セミナー室
対　象	学生、一般社会人、企業経営者に関心のある方、企業広報・社史の担当者
定　員	40名
受講料	全3部 一般：15,000円　法政大学卒業生：5,000円 部単位（第1部、第2部、第3部 の各部）一般：各6,000円　法政大学卒業生：各2,000円 ※法政大学学生（学部生・大学院生（研究生・研修生）・通信教育部本科生）は「全3部」・「部単位」ともに無料
申込方法	氏名、所属（法政大学学生の方は、学部生・大学院生（研究生・研修生）・通信教育部本科生より該当する所属と学生証番号を明記）、受講を希望する部を「全3部」または第1部、第2部、第3部の各部）、連絡先の郵便番号・住所・電話番号・FAX番号、E-mailアドレス、法政大学卒業生の方は卒業年度を明記の上、FAXまたはE-mailで法政大学イノベーション・マネジメント研究センター宛にお申し込みください。 ※個人情報の扱いは厳重に管理しております。法政大学に関連するイベント開催等の通知を目的としており、それ以外の目的では使用しておりません。
申込期限	「全3部」および第1部の受講：10月3日（月）、第2部の受講：10月31日（月）、第3部の受講：11月28日（月）
お支払方法	お申込後に振込先等の詳細をご連絡しますので、開講2週間前までに指定口座へお振り込みください。
お問い合せ	法政大学イノベーション・マネジメント研究センター TEL：03-3264-9420　FAX：03-3264-4690 E-mail：cbir@adm.hosei.ac.jp　URL：http://www.hosei.ac.jp/fujimi/riim

法政大学イノベーション・マネジメント研究センター
〒102-8160　東京都千代田区富士見2-17-1
TEL：03(3264)9420　FAX：03(3264)4690
URL：http://www.hosei.ac.jp/fujimi/riim
E-mail：cbir@adm.hosei.ac.jp

2011年9月28日 改訂版

（注）肩書き・所属は当時のもの。

目　次

序　章　企業家活動でたどる日本の金融事業史
―わが国金融ビジネスの先駆者に学ぶ―

1　本書刊行の経緯と意図 …………………………………………… 1
2　明治期の金融関連事業の略史 …………………………………… 2
3　本書の構成 ………………………………………………………… 9

第1部　日本の金融事業事始

第1章　金融制度の創設
―渋沢栄一と第一国立銀行―

■　はじめに ……………………………………………………………… 13
1　第一国立銀行の設立と渋沢栄一 ………………………………… 13
2　銀行の基盤をつくった人々 ……………………………………… 23
3　第一国立銀行の朝鮮半島進出 …………………………………… 31
■　おわりに ……………………………………………………………… 40

第2章　金融財閥の誕生
―安田善次郎とその事業―

■　はじめに ……………………………………………………………… 45
1　独立するまでの安田善次郎 ……………………………………… 46
2　維新変革と安田善次郎 …………………………………………… 49

3	近代的金融機関の創生と安田善次郎	58
4	多角化とその限界——銀行王への道	67
■	おわりに	71

第2部　財閥と銀行業

第3章　三井財閥と銀行業
——益田孝・団琢磨——

1	明治維新期の経営危機と三野村利左衛門	81
2	明治中期の経営危機と中上川彦次郎	84
3	明治後期の三井銀行ビジネスモデル論争と早川千吉郎・益田孝・三井高保	90
4	大正期の株式公開と池田成彬・団琢磨	94
5	第一銀行との合併と万代順四郎	98

第4章　大阪財界と銀行業
——明治期大阪の経済躍動を担った銀行家たち——

■	はじめに	103
1	松本重太郎：大阪経済の基盤づくりに参画した銀行家——企業設立と再建を担う	104
2	岩下清周：ベンチャーキャピタリスト的銀行家	115
■	おわりに	125

第3部　証券業・保険業の創成

第5章　山一証券・野村証券の誕生
―小池国三・野村徳七―

- ■ はじめに …………………………………………………………… 131

小池国三

- 1 小池国三の生い立ち ……………………………………………… 132
- 2 若尾逸平の下で …………………………………………………… 133
- 3 小池国三の独立，小池国三商店の開店 ………………………… 135
- 4 小池合資会社 ……………………………………………………… 138
- 5 小池銀行と山一合資会社 ………………………………………… 142
- 6 小池国三と社会貢献 ……………………………………………… 144

野村徳七

- 1 野村徳七の生い立ち ……………………………………………… 145
- 2 証券業への進出 …………………………………………………… 147
- 3 日露戦争の相場での成功と海外視察 …………………………… 150
- 4 財閥化の指向 ……………………………………………………… 154
- 5 野村銀行および野村証券の設立と発展 ………………………… 155
- 6 野村徳七の社会貢献 ……………………………………………… 159

- ■ おわりに …………………………………………………………… 161

第6章　近代的保険業の誕生
―各務鎌吉（東京海上）・矢野恒太（第一生命）―

- ■ はじめに …………………………………………………………… 167

各務鎌吉―近代的会計手法による損害保険事業の改革者

1. 損害保険の誕生―商人の知恵から生まれた海上保険 ………………… 169
2. わが国保険事業の創成 ……………………………………………… 170
3. 経営危機の到来 ……………………………………………………… 173
4. 各務鎌吉の登場 ……………………………………………………… 175
5. ロンドンにおける保険事業の再建 ………………………………… 176
6. 各務鎌吉の経営思想 ………………………………………………… 182

矢野恒太―相互主義による生命保険事業の確立者

1. 近代生命保険の生成と発展 ………………………………………… 184
2. わが国生命保険事業の沿革 ………………………………………… 185
3. 生命保険との出会い ………………………………………………… 187
4. 相互主義による生命保険事業の推進 ……………………………… 189
5. 矢野恒太の経営思想 ………………………………………………… 195

■ おわりに ……………………………………………………………… 197

索　引

▰執筆者紹介（執筆順，☆は編著者）

☆宇田川　勝（うだがわ　まさる）　　　　　　　　　　　　担当：序章
　　法政大学経営学部教授

　島田　昌和（しまだ　まさかず）　　　　　　　　　　　　担当：第1章
　　文京学院大学経営学部教授

　迎　　由理男（むかい　ゆりお）　　　　　　　　　　　　担当：第2章
　　北九州市立大学経済学部教授

　粕谷　　誠（かすや　まこと）　　　　　　　　　　　　　担当：第3章
　　東京大学大学院経済学研究科教授

　黒羽　雅子（くろはね　まさこ）　　　　　　　　　　　　担当：第4章
　　山梨県立大学国際政策学部教授

　野村　千佳子（のむら　ちかこ）　　　　　　　　　　　　担当：第5章
　　山梨学院大学経営情報学部教授

☆長谷川　直哉（はせがわ　なおや）　　　　　　　　　　　担当：序章，第6章
　　法政大学人間環境学部教授

序　章

企業家活動でたどる日本の金融事業史
―わが国金融ビジネスの先駆者に学ぶ―

長谷川　直哉・宇田川　勝

1 本書刊行の経緯と意図

　本書は 2011 年 10 月から 12 月に 3 回に分けて実施された 2011 年度法政大学イノベーション・マネジメント研究センター主催による公開講座「企業家活動でたどる日本の金融事業史―わが国金融ビジネスの先駆者に学ぶ―」の講義にもとづいて編集されたものである。
　公開講座の実施に際しては，研究者・学生はもとより業界関係者や一般のみなさんにも広く参加を呼びかけ，多くの貴重なご意見を頂戴することができた。改めて厚くお礼を申し上げたい。
　講義の際と同じく，本書を編集するにあたって留意したのは，一般のみなさんに少しでも銀行業，証券業，損害保険業，生命保険業の歴史や，そこで活躍した企業家に親しんでいただきたいということある。
　自動車関連産業の就業人口が 10% を占めるのに対し，金融・保険（含む不動産）のそれは 4% 弱に過ぎない。しかし，金融関連事業は，大きな潜在力を持つ産業であるのみならず，他産業への波及効果は極めて大きい。円滑な資金供給や適切なリスクマネジメントによって，幅広い産業にイノベーションの機会を提供し成長を促進させてきた重要性の高い産業である。
　そのような金融関連事業の成り立ちと，そこで苦心しつつ産業の育成に貢献した企業家の現実の姿に思いを巡らせていただきたいというのが，本書の意図

するところである。

2 明治期の金融関連事業の略史

【銀行業】
(1) 経済活動と金融

　古来，経済と金融は密接にかかわってきた。経済活動が営まれるところには，必ず金融が存在する。裏を返せば，金融システムが存在しなければ経済活動は成り立たない。金融の最も基本的な機能は，モノの取引に際して決裁手段を提供することである。

　わが国では，和同開珎の使用にみられるように，古代から貨幣が経済活動の決済手段として用いられてきた。江戸時代中ごろには，国内の各地で地場産業が勃興してくる。地域の特産物を全国各地に流通させる役割を担ったのが商人たちである。甲州商人や近江商人などの活躍はその代表である。彼らは独自に築いたネットワークを巧みに活用して，合理的な金融システムを生み出した。

　為替は江戸時代に最も普及した金融システムの一例であるが，それを活用したのは商人であった。彼らは国内各地へ物産を買い付けに行く前に両替商で金銭を為替に転換し，その為替を出先の両替商に持ち込んで現金化して物産の買い付けを行っていた。各地の物品を仕入れ，それらを遠隔地で販売することで利益を得ていた商人は，金融の重要性を早くから認識していたのである。

　零細な行商人レベルでの金融の役割は，取引の手助け程度で十分である。しかし，取引主体の規模が大きくなるにつれて，金融に求められる役割は単純な取引の仲介から資金の融通へと変化していく。資本主義社会の構築を目指した明治期の日本では，近代産業の発展とともに事業者に対する設備投資や運転資金等の提供という，金融本来の機能が求められるようになったのである。

(2) 国立銀行の整備

　金融インフラの整備は，わが国産業の近代化を推進し先進資本主義国をキャッチアップするうえで，極めて重要性の高い課題であった。明治政府は国立銀行を中核とする金融制度の構築をめざした。明治期の日本は国民所得が低

水準であったため，殖産興業に必要な投資資金を確保するためには零細な貯蓄を吸収し，銀行の信用創造を積極的に利用する必要があった。そのため，銀行はわが国の金融システムにおいて，中心的な役割を果たすことが求められた（日本銀行金融研究所［1995］）。

表序-1　国立銀行の状況

（単位：千円）

	1876年末	1882年末
行数	5行	143行
資本金	2,350	44,206
紙幣発行高	1,654	34,385
預金	2,502	19,715
貸付金	3,489	41,182

（出所）富士銀行調査部［1965］『近代日本金融史』15頁より筆者作成。

1869（明治2）年，明治政府は国内産業の開発と貨幣整理を目的とする為替会社を設立した。為替会社は政府の庇護の下で紙幣発行権を持つ金融機関としてスタートしたが，金融に関する専門知識の不足が災いして失敗に終わった。

1872年に国立銀行条例が公布され，アメリカのナショナルバンクを模した国立銀行が設立された。国立銀行はいわゆる国営銀行ではなく，法律に基づく私立銀行である。普通銀行業務に加えて，正貨（金貨）と交換できる兌換銀行券を発行することができた。同条例を受けて有力両替商である三井組と小野組の出資によって，東京第一国立銀行（みずほ銀行の前身）が設立された。

実質的に民間銀行である国立銀行が兌換紙幣の発行を許された背景には，不換紙幣を回収し兌換紙幣による貨幣制度を樹立するという政府の狙いがあった。しかし，当時は国際収支の逆調（輸入超過）と1870年代の国際経済で本位貨幣から転落した銀の価格下落によって金の国外流失が加速していたため，国立銀行紙幣は発行されるや否や金と兌換されて銀行に還流することとなった。さらに，東京第一国立銀行の大株主である小野組が1874年に破産し，国立銀行の経営は行き詰ったのである。

1876年，明治政府は国立銀行条例を改正して国立銀行紙幣の兌換義務を停止し，資本金の80％相当額まで銀行紙幣の発行を認めた。さらに，同年実施された金禄処分によって華士族に支給された金禄公債証書による銀行設立を可能とした。国立銀行の設立要件を緩和する目的は，中断した国立銀行の設立を促すとともに，華士族の生活基盤の安定を図ることにあった。これによって全国的な国立銀行設立ブームが沸き起こった。

その後，通貨および銀行制度の安定化のため中央銀行の必要性が高まり，1882年に日本銀行が設立された。1884年に兌換銀行条例が施行され，同行は銀行券の独占的発行権を持つこととなった。日本銀行の設立にともない国立銀行条例も改正された。国立銀行の営業期間は20年と規定され，期間終了後に普通銀行への転換が可能となった。普通銀行に転換した国立銀行の多くは，現在の地方銀行の母体となっている（東洋経済新報社［2011］）。

(3) 普通銀行の動向

明治政府の政策によって誕生した為替会社や国立銀行とは別に，江戸時代以来の伝統に根ざした庶民金融機関があった。国立銀行条例によって銀行という呼称が国立銀行のみに限定されたため，庶民金融機関には銀行類似会社という名称が使われた。銀行類似会社は国立銀行と機能的な差異はなく，銀行類似会社の定義自体も曖昧であった。1882年に示された大蔵省の見解では，銀行類似会社は貸付金，預り金，為替，荷為替，割引など銀行業の全部または一部を専業とすると定義されている。

各地で設立された銀行類似会社は，ピーク時（1886年）に748社を数えた。表序-2は1876〜93年末における私立銀行と銀行類似会社の設立状況を示したものである。巨大な金融資本が少ないわが国では，私立銀行や銀行類似会社が産業金融の基幹的機能を果たしていたと推測される。

銀行類似会社は小規模なものが多かったが，三井組や安田商店は国立銀行に

表序-2　私立銀行・銀行類似会社の設立状況

年	私立銀行		銀行類似会社	
	行数	資本金(千円)	行数	資本金(千円)
1876	1	2,000	—	—
77	1	2,000	—	—
78	1	2,000	—	—
79	10	3,290	—	—
80	39	6,280	120	1,212
81	90	10,447	369	5,895
82	176	17,152	438	7,958
83	207	20,488	572	12,072
84	214	19,422	741	15,143
85	218	18,759	744	15,398
86	220	17,959	748	15,391
87	221	18,896	741	15,118
88	211	16,762	713	14,454
89	218	17,472	695	14,421
90	217	18,977	702	14,513
91	252	19,797	678	13,827
92	270	22,856	680	13,945
93	604	31,030	—	—

（出所）三和良一・原朗［2007］59頁。

匹敵する企業規模を有していた。

東京第一国立銀行の設立に協力した三井は，財閥内に機関銀行を設立する必要性を感じ，東京府知事に対して銀行の設立を申請している。国立銀行条例の改正を機に，銀行類似会社も銀行を称することが可能となり，1876年にわが国初の普通銀行である三井銀行が設立された。政府が国立銀行の新設を認めない方針をとったことから，安田銀行（1880年），住友銀行（1895年），三菱合資会社銀行部（1895年），第一銀行（1896年）が設立され，三井銀行を含め5大銀行と位置づけられた。

近代的資本主義の確立を目指した明治政府は，銀行業を金融システムの中核と位置づけてその育成に注力した。普通銀行は不動産や株式を担保として企業に資金を供給していたが，5大銀行以外は小規模銀行が乱立し経営基盤は脆弱だった。預金のみでは貸出資金が不足していたため，国立銀行が発行する紙幣や日本銀行からの貸出によって資金を調達していた（富士銀行調査部［1965］）。

一方，5大銀行も他の普通銀行に比べて相対的な優位性は高くなかったが，預金に対して貸出超過の状態ではなく，借入金も少ないという特徴を持っていた。その後も日本銀行からの資金供給に依存しないという経営方針が確立されていった。

銀行条例施行後，銀行新設ブームが到来しピーク時（1901年）には1,867行に達した。その後，明治政府は銀行合同や小規模銀行の設立抑制を推進したことから，1919（大正8）年には1,344行へ減少している（東洋経済新報社［2011］）。

表序-3　5大銀行の主要勘定

	払込資本金	預金	借入	貸付	投資
普通銀行全体に占める割合	5.6%	20.7%	7.3%	11.9%	26.0%

（出所）富士銀行調査部［1965］40頁をもとに筆者作成。

【証券業】

殖産興業を推進するため，明治政府は株式会社制度と銀行制度の導入を急い

だ。資本蓄積の乏しい日本で企業を育成するためには，多数の主体から資金を調達する必要があった。

国立銀行条例によって株式会社組織を持つ国立銀行の設立が相次ぎ，株式の売買が始まった。さらに，秩禄公債（1873年）や金禄公債（1877年）の発行によって，両替商による公債の売買が活発化した。

公債が富裕層の投資対象となるにつれて，公正な価格形成と取引の円滑化を確保する公的機関として株式取引所の設置を求める声が高まった（有沢広巳[1978]）。第一国立銀行頭取の職にあった渋沢栄一も株式取引所の必要性を認め，政府に対して設立の出願を行っている。

1878年，株式取引所条例が制定され，東京と大阪に株式会社組織をもつ株式取引所が設立された。この条例は，「堂島米会所」（1730年）で行なわれていた伝統的な米取引の手法である帳合取引や先物精算取引を取り入れたものであり，投機的性格が強かった。

取引所開設と同時に東京株式取引所株式や第一国立銀行株式が上場されたが，取引の大半は公債の売買であった。30万人の士族に公布された金禄公債は売却者が続出し，銀行や商人が積極的にこれを買い入れた。西南戦争の軍事費調達を目的とした紙幣乱発によるインフレを背景に，株式取引所では金禄公債が投機的取引の対象となった。さらに，1886年以降の企業設立ブームによって株式発行が活発化し，87年以降は公債に代わって株式が取引の大半を占めるようになった。株式取引の内容をみると現物取引はあまり行われず，差金決済による売却益（キャピタルゲイン）を狙った投機的取引が大半を占めていた。

わが国の証券業者は，武士階級が換金のために売却した公債の取引を行った両替商や質屋を起源とするものが多い。公的に認められた証券業者が登場するのは，株式取引所条例で規定された仲買人からである。証券業務は①ディーラー業務（自己売買），②ブローカー業務（委託売買），③アンダーライター業務（証券の引き受け），④セリング業務（証券の募集・売り出し）に分けられるが，明治30年代まではディーラー業務とブローカー業務が中心であった。当時は市場参加者が少なくブローカー業務から得られる手数料にも限界があったため，自己売買による投機的な行動に出る証券業者も多かった。

初期の株式取引所は多分に投機的性格を帯びていたが，それは証券投資の知識が乏しく，投資対象も限られていたからに他ならない。しかし，株式取引所が公正価格による自由取引を確立したことは評価したい。銀行制度とならんで株式取引所の創設は，わが国資本主義経済の確立に大きな役割を果たしたといえよう（有沢広巳［1978］）。

【生命保険業】

　近代的保険制度を日本に伝えたのは福沢諭吉である。1871年，近代的生命保険会社として明治生命保険会社（旧明治生命の前身）が設立され，わが国生命保険の歴史は同社の設立から始まる。この前年，安田善次郎によって共済組織の共済五百名社（旧安田生命の前身）が設立された。あらかじめ加入者を500名に限定し，支払保険金は加入者が均等負担する「賦課式保険」と呼ばれる仕組みを持っていた。その後，1888年に帝国生命（朝日生命の前身），1889年に日本生命が設立された。明治中期には生命保険会社の設立ブームが到来し，1998年までに開業した生命保険会社は43社に達した。

　明治生命や日本生命の成功に触発された人々によって，保険類似会社・組合などが全国で設立されたが，その多くは1～2年で姿を消している。当時は保険事業に関する取締法規がないため多くの泡沫保険会社が誕生し，こうした企業が生命保険の普及に少なからぬ弊害をもたらしていた（保険評論社［1974］）。

　明治政府も保険会社を監督する必要性を認識し，1900年に保険業法が制定された。同法は株式会社のほかに相互会社による保険会社の設立を認め，1902年に第一生命相互会社が誕生している。

　明治時代の生命保険会社は，日清・日露戦争による影響も僅かで比較的順調な発展を遂げた。大正時代に入ると，スペインかぜと呼ばれるインフルエンザのパンデミック（1918～20年）や関東大震災（1923）によって大きな損失を蒙ったが，保険金の迅速払いや無料診療所の設置は大衆からの支持を集めた。1925（大正14）年末の国内生命保険会社42社の契約高は50億円に達している（東洋経済新報社［2011］）。

【損害保険業】

　明治以前のわが国では，相互救済制度として「抛銀（なげがね）」や「海上請負」が行われてきた。明治維新後も政府の貿易推進政策に呼応して，海上保険の必要性は早くから認識されていた。わが国における近代的損害保険事業は，太政官布告によって設立された保任社（1873年）から始まるが，損害率の悪化によって設立の翌年には早くも廃止に追い込まれた。1877年，第一国立銀行が海上危険受合業務の兼営を大蔵省より許可されている。

　殖産興業政策の推進に伴う物流の活発化は海運業の成長を促し，海上保険に対する関心が再び強くなった。1879年，渋沢栄一の提唱に呼応した岩崎弥太郎や華族の出資によって，わが国初の海上保険会社として東京海上保険会社が設立された。

　火災保険については，大蔵省内に設置された火災保険取調係で官営の強制火災保険制度が検討された。家屋保険法案が大蔵卿大隈重信によって太政大臣に上申されたが，政変によって同法案は廃案となった。その後，明治政府は民間保険会社の育成に方針を転換し，1887年に東京火災保険株式会社（旧安田火災の前身）がわが国初の民営火災保険会社として誕生した。同社に続いて，明治火災（1891年）と日本火災（1892年）が火災保険専門会社として設立されている。

　海上保険分野でも帝国海上（1893年）や日本海上（1896年）が出現し，東京海上の独占的地位を脅かすようになった。日露戦争によって海上保険（船舶保険・積荷保険）の需要が拡大し，戦後も貿易の活発化によって海上保険の収支は極めて良好となった。この結果，火災保険専門会社が海上保険を兼営する

表序-4　民間金融貯蓄形態別構成比

(単位：千円)

	通貨・預金通貨		預金		保険		有価証券		合計
1893～1897年	257	41.5%	45	7.3%	4	0.6%	314	50.6%	620
1898～1902年	269	34.7%	51	6.6%	12	1.5%	444	57.2%	776
1903～1907年	583	23.6%	175	7.1%	20	0.8%	1,695	68.5%	2,473
1908～1912年	487	24.4%	269	13.4%	29	1.5%	1,212	60.7%	1,997

(出所) 江見他［1988］『貯蓄と通貨（長期経済統計5）』東洋経済新報社，19頁をもとに筆者作成。

動きが広がった。明治後期の損害保険業界は会社濫立の様相を呈し，国内の損害保険会社は 49 社（1913 年時点）に達した（保険評論社［1974］）。

表序 -4 は民間部門における形態別にみた金融貯蓄の動向を示したものである。最大のシェアを持つ有価証券の大半は国債が占めている。通貨・預金通貨と有価証券には互換性がみられ，好況期には通貨・預金通貨が，不況時には有価証券が選好される傾向がみられる。預金は明治末期（1908〜12 年）に 10% 台に達し，保険が 10% 台に到達するのは 1930 年代に入ってからである（江見康一他［1988］）。

3 本書の構成

本書全体の構成について説明を加えておきたい。第 1 部「日本の金融事業事始」では，明治期において近代的な銀行制度や貨幣制度の構築における先駆的な試みを行った企業家について紹介する。第 1 章ではわが国資本主義の父と称される渋沢栄一の中心的な活動拠点となった第一国立銀行における企業家活動を検証する（執筆者：島田昌和）。第 2 章では，圧倒的な金融資本力を誇る安田財閥を築いた安田善次郎を取り上げる。安田財閥の成立過程において，総合財閥系銀行とは異なった市場行動をとった安田銀行の特質を明らかにする（執筆者：迎由理男）。

第 2 部「財閥と銀行業」では，三井財閥と地方財界における銀行ビジネスの展開について紹介する。第 3 章では，明治後期に三井銀行のビジネスモデルの確立をリードした益田孝と団琢磨について紹介する（執筆者：粕谷誠）。第 4 章では，大阪の経済活動を担った銀行家である松本重四郎と岩下清周を取り上げる。今日まで続く大企業を生み出しながらも経営する銀行を破綻に追い込み，否定的な評価のみが残った背景を検証する（執筆者：黒羽雅子）。

第 3 部「証券業・保険業の創成」では，明治期における証券会社と生命保険会社ならびに損害保険会社の成立について紹介する。第 5 章「野村證券・山一證券の誕生」では，小池国三と野村徳七の 2 人を取り上げる。リスクの高い証券業界にあって堅実な商いで成功を収め，証券業者の社会的地位の向上を志した二人の企業家活動について検討する（執筆者：野村千佳子）。第 6 章「近代

的保険業の誕生」では，損害保険の本質を反映した経営改革を通じてわが国損害保険事業の基盤を築いた各務鎌吉と相互会社による生命保険事業を推進した矢野恒太の企業家活動を通じて，保険事業の特質とその発展のプロセスを明らかにする（執筆者：長谷川直哉）。

　本書を通じて，日本における金融関連事業（銀行，証券，生命保険，損害保険）の発展についてのイメージを持っていただければ，執筆者一同，望外の喜びとするところである。

参考文献

有沢広巳［1978］『証券百年史』日本経済新聞社。
江見康一・伊藤政吉・江口英一［1988］『貯蓄と通貨（長期経済統計5）』東洋経済新報社。
東洋経済新報社［2011］『日本の会社100年史』日本図書センター。
日本銀行金融研究所［1995］『新版わが国の金融制度』。
富士銀行調査部［1965］『近代日本金融史　富士銀行金融問題シリーズNO.6』。
保険評論社［1974］『日本保険銘鑑1973－74』。

第1部
日本の金融事業事始

第1章

金融制度の創設
―渋沢栄一と第一国立銀行―

島田　昌和

■ はじめに

　渋沢栄一は「日本資本主義の父」と称され，日本の経済界全体に関わったが，その中心は何と言っても第一国立銀行（のちに第一銀行，戦後に第一勧業銀行，現在のみずほ銀行）であった[1]。銀行業を柱とし，いかにしてビジネス全般に広く関わるようになっていったのか，財閥系銀行ではない第一国立銀行がいかにして自立できる素地を築いていったのかを明らかにしていこう。

1 第一国立銀行の設立と渋沢栄一

(1) 新政府への出仕

　渋沢栄一が政府から民間に移って銀行業を始めた経緯を知るためにはやはり，新政府にスカウトされたところから始めなければならない。フランスから帰国し，静岡で商法会所を経営していた渋沢に対して 1969 年の 10 月後半に静岡藩庁に新政府太政官弁官から渋沢の召状が届き，東京へ出向く。太政官へ出頭すると大蔵省租税正へ任ずる宣旨を受けた。この当時の大蔵省は大蔵卿が伊達宗城，大蔵大輔に大隈重信，大蔵少輔に伊藤博文，大蔵大丞に井上馨というメンバーであった。推薦者は伊達宗城と郷純造であったと渋沢は後に聞かされているが，伊達は幕末にあって公武合体派で比較的幕府寄りであり，郷も軽輩

とはいえ旧幕臣であった。彼らが旧幕臣の中で開明的な才能を積極的に新政府へ登用するよう働きかけたようである。拝命した租税正は渋沢自身，後の主税局長のようなものと説明しているように抜擢人事とも言えるポストでの登用であった。しかし，渋沢は新政府要人に知己もなく，静岡での事業も比較的順調だったので断るつもりで大隈を訪ねたが，逆に「八百万の神達の一柱として」一緒に働いてほしいと説得されてしまった（青淵記念財団竜門社編［1960］第2巻，235～246頁）。

　この経緯について渋沢自身は大隈の説得が理に適っていたことを挙げるのみだが，推測するに新政府内にあって薩長に対して劣勢の肥前（佐賀）出身の大隈には薩長出身外の渋沢の加担は心強く，相前後して静岡から前島密，赤松則良，杉浦愛蔵（渋沢と共に渡欧），塩田三郎らが新設の大蔵省改正掛に登用されていることからも相当に熱心に勧誘したものと思われる。

　大隈は1869年3月に会計官に就任し，国家財政の実権を握っていた。当初財政を担当したのは由利公正であったが，無防備に不換紙幣を大量に流通させて財政を混乱させていた。これを大隈が伊藤や井上らの長州閥と組み，木戸孝允を後ろ盾に急進的な開化と大蔵省への集権を進める維新官僚グループを形成し実権を握りつつあった（井上勝生［2006］177～178頁，坂野潤治［2007］）。そして同年6月の版籍奉還に引き続き職員令を発令し，松平慶永や伊達宗城といった一部の例外を除いて大名を主要な政治的ポストから外していった。

　渋沢は大隈，井上らと静岡藩から見出されてきたメンバーとともに12,3人の人員で構成される改正掛の掛長も兼任し，度量衡や租税制度の改正，駅伝法の改良，貨幣・禄制の改革，鉄道敷設，官庁建築まで次々と手がけていった。その規模は国家収入が1,000～1,500万円規模に対して歳出が3,000万円規模とも言われる総花的な財政投入となった（井上勝生［2006］182頁）。

　渋沢の地位は1870年9月末に「租税正」として「大蔵少丞」に昇格し，翌年5月には「大蔵大丞」になり，7月には「権大丞」として「制度取調御用掛」に任じられ，すぐに「権大丞」のまま「枢密権大史」に転任するという目まぐるしいほどの出世であった。これに引き続き，彼を取り巻く大蔵省の人事は大きく変化していった。1871年の11月から岩倉，木戸，大久保，伊藤らが大挙して欧米視察に出かけたのであった。相前後して伊達が大蔵卿を辞任し，

大隈は参議に転身した。大久保が大蔵卿に就任するが留守となり，井上が大蔵大輔に着任して大蔵省の実権を握ったのであった（青淵記念財団竜門社編［1960］第2巻，265～278頁）。

ともに急進的な維新官僚グループであった大隈と井上は参議と大蔵省に分かれて対立を始めた。井上は膨張する財政に対して緊縮財政による財政均衡重視，同時に改革に消極的なスタンスをとった。大隈は留守政府の西郷，板垣，副島，後藤，江藤らの土肥閥を中心としたメンバーとともに緊縮財政路線の大蔵省を徹底的に攻撃したのであった。結果として井上と渋沢らは1873年5月に予算編成権を大蔵省から正院に移す太政官潤飾に抗議するため辞任した。

その先の大蔵省を巡る財政主導権争いは，9月に岩倉使節団が帰国して，征韓論で対立は深まり留守政府派が一斉に下野して，強大な権限を持つ内務省を新設した大久保と五代友厚と接近して大蔵省の中心に座った大隈によって積極財政路線が引かれていった。さらに1875年の大阪会議前後に板垣派によって起草された人事案に井上内務卿，渋沢大蔵卿構想があったことが記録として残されている（坂野潤治［2007］148頁）。既に第一国立銀行頭取に就任していた立場でありながら，その財政手腕に対する高い評価があったことが窺い知れる。

(2) 発券銀行の設立計画

政府退官後，渋沢が就任した第一国立銀行は事実上，三井の力を頼りに設立されており，大蔵省の渋沢と三井の双方の思惑は激しく交錯しながら設立に至っている。大きく言って，三井単独の銀行設立の誘導と不許可，小野組と共同での銀行設立への誘導，三井組ハウスの第一国立銀行使用と3つの局面での軋轢があった。できるだけ渋沢・三井双方の資料を公平に扱いながらもう一度少し時間を巻き戻してその経緯を見ていこう。

この時期の明治新政府は財政窮乏と殖産興業のために不換紙幣を発行したが価値の減価からくる流通不振，国際的な信用問題など大きな問題を抱えていた。同時に発行された金札を民間に貸し付ける商法会所や為替会社などの銀行的な機能を持った民間組織の設立を後押ししたが，政府の介入過多，担った商人たちの知識や経験のなさからうまくいかなかった（井上勝生［2006］181

頁)。

　局面を打開するために政府は 1870 (明治 3) 年 11 月初めに伊藤博文, 芳川顕正, 福地源一郎ら 21 名を国立銀行制度調査のために渡米させた。彼らの帰国は 1871 (明治 4) 年 5 月だが, それに先立ち, 1870 年 12 月末には, 金本位制度の確立, 金札引換交換証書の発行, 紙幣発行会社の設立を基本とする建議書が送付され, 翌年の 2 月上旬に日本に到着した (青淵記念財団竜門社編 [1960] 第 2 巻, 277～278 頁)。

　この提案に沿って 1871 年 5 月に円を単位とする金 (銀複) 本位制の貨幣制度を定めた新貨条例が公布された。渋沢はその起草に携わっている。渋沢はこの時期, 同時に, 同年 6 月には合本主義, 会社制度を啓蒙した「立会略則」を著している。近代的な銀行業や会社制度の準備をし, 欧米で見聞した知識を体系的に理解することで, 心境に大きな変化をきたす。自らが「民間に下って実業界の第一線に立とうと決心した」と述べるように大隈, 伊藤らに政府からの辞意を伝えている。その後も断続的に辞意を示しながら慰留を受け入れる日々が続く (渋沢栄一 [1997] 166～167 頁)。

　一方の三井であるが, もともと三井は三野村利左衛門の活躍によって幕府に付いて市中御貸付金の取扱い, 江戸銀座金札の発行等の中心に位置していた。しかし幕府の瓦解後は新政府が大量に持ち込んだ太政官札の江戸での流通を請け負って信用を得た。しかしながら三井組は幕末以降, 幕府からの巨額御用金と幕末維新期の混乱の中での種々の貸付金の焦げ付きを抱える危機的状態でもあった。

　打開のために三野村は東京の為替会社, 通商会社の「総差配司」として実権を握り, さらには新政府の金融を司った通商司の中に三井の御用所を「御為替方御用所」と称して置くほどの親密な関係を築きあげていった (三井文庫 [1980] 29～39 頁, 三井銀行八十年史編纂委員会編 [1957] 45～51 頁)。

　政府内は不換紙幣である太政官札に代わって兌換紙幣を発行し, その原資を三井を中心とした豪商らの資金に頼った, 発券機能を持った銀行の設立を進めることでは足並みを揃えていた。しかし井上・渋沢らの主張する英国風の私立銀行制度と伊藤の主張する米国流の国立銀行制度のふたつの意見があり, 激しい対立を続けていた。

三井側から見ると 1871 年 6 月 5 日に「新貨条例」に基づく地金の回収と新旧貨幣交換の用務を単独で請け負い，さらに「真成之銀行成立」，すなわち銀行設立の勧奨を得，それによって海運橋ぎわに 48,000 両とも言われる巨額の費用（新橋停車場が 3 万両弱）をかけて清水喜助の設計施工による西洋風 5 階建ての建設に着手した（三井銀行八十年史編纂委員会編［1957］52～53 頁，初田亨［1994］68～70 頁）。建築場所は 1870 年 12 月に三井が新政府の資金調達の見返りに提供を受けた土地であった。同年 7 月には渋沢の起草に基づいた三井による銀行設立と兌換券の発券が願い出られ，一旦は認可を得たのであった。しかしながら設立すべき銀行の方向性を異にする伊藤が激しく反対し，9 月はじめには白紙に戻されてしまった。急を要する兌換券の発行だけは為替座三井組の名義で実際に発行されたのであった。

　半年近く続いた対立も 1871 年末にナショナルバンク制度の採用が決定し，年明けから渋沢を中心として国立銀行条例の起草に着手された。形態はいずれにせよ三井を中心にした銀行設立に変わりはなく，三井に対して 1871 年末には子弟や手代を銀行業を学ばせるために米国に派遣することを渋沢が進めて実行されていた（三井文庫［1980］77～79 頁）。

　少し遅れて 1872 年 2 月に小野組もバンクの設立を請願している。大蔵省の方針は合本による発券銀行の設立に傾いていき，1872 年 3～5 月頃の時期には三井と小野に対して合同での銀行設立を投げかけている。渋沢が中心となって制定準備がなされた国立銀行条例は，1872 年 6 月に成案となり，同年 11 月に交布された。政府が国立銀行の設立を主導したのは，民間資本で国立銀行を設立して兌換銀行券を発行させ政府不換紙幣の回収をはかることが目的であった。資本金の 60％を政府不換紙幣で大蔵省へ納入し，金札引換公債と引き換え同額の国立銀行紙幣を受領した。残りの 40％を金貨で払い込み正貨準備に充てさせた（神山恒雄［2004］19～21 頁）。

　以上のように，伊藤らの米国派遣組と井上・渋沢らの残留組の間で英国流か米国流かに象徴される議論が交わされる中で，民間資金を活用しつつも特定商人に依存しすぎない新たな貨幣金融モデルの姿がだんだんと形になっていった。

(3) 三井を中心とした銀行設立

　三井は，三野村によって変転著しい政治経済情勢の中で難しいかじ取りをこなし，両替商・呉服商からのビジネスモデル転換という失敗の許されない難局面に臨んでいた。その中で資金力をあてにされながらも独占的地位を得させないとされた三井にとっては，具体的に突きつけられた要求に対する一つひとつの判断は簡単ではなかった。この後，政府（渋沢）から三井に対する要求は3つのポイントにわたって立て続けに突きつけられた。それは①越後屋呉服店の分離，②小野組との合同での銀行設立，③三井バンクの敷地建物の拠出要求，の三点であった。少し詳しく見ていこう。

　まず，第一の呉服店の分離であるが，1871年の9月には大久保・井上らから三野村に対し銀行業開設にあたっては呉服業その他の業務に「三井」の名を使用しないように指示がなされ，翌年正月早々には三井家首脳一同に対し，呉服業分離の勧告がなされ，即答を求められたのであった（三井文庫 [1980] 79～82頁）。幕末から呉服業務は不振を極めており，これを分離することは十分受け入れる理由があり，架空の「三越」家を設けて東京・京都・大阪の各店舗を従来の筆頭重役に預け，三井全体の中での位置づけは大きく下げる措置をとった。

　第二は三井単独ではなく小野組との共同での銀行設立許可であった。当初は政府も三井の巨大な資金力と信用に依拠した紙幣発行により，財政の立て直しをはかる方針であったが伊藤案のナショナルバンク形式が採用され，さらに外的要因も加わって方針は三井の描いたものと大きく異なっていった。1872年2月に五代友厚を頼りに巻き返しをはかる小野組による銀行設立願書が出され，4月には三井・小野両首脳が渋沢邸に招かれて両組合同による銀行設立方針が打診された。渋沢の自叙伝には「三井組，小野組は私の勧めに従って率先して発起人たる事を承諾し」と記されているが，当然のように両組からは強力な抵抗がなされた（三井銀行八十年史編纂委員会編 [1957] 63～71頁，渋沢栄一 [1997] 220頁）。それに対して5月には官金取扱い業務の停止をほのめかすなどの強引，強圧的とも言える説得によって6月には両組から国立銀行設立願書の提出となっていった。

　渋沢側の説明では合本の実現を強く意識したことが後年よく話され記された

が当初は三井単独の銀行設立，紙幣発行を推進したことからも必ずしも正しくないかもしれない。国立銀行条例の起草過程で発券を伴う新しい銀行に強い公共性・安全性を持たせ，公平・中立な運営を最重要視して「立会略則」で示した合本主義を取り入れる方向に変化していったと考える方が自然であろう。政府内も征韓論に代表される派閥争い，主導権争いが激しく，また経済面でも通商会社等が政府の過干渉とそれに伴う私的流用の横行，運営に駆り出された商人たちも政治との癒着をぬぐえず，同時に面前の資金繰りに流用してすぐにたちゆかなくなるような近視眼的視点しか持ち得なかった。財政・金融という国家基盤の形成に二度と失敗することはできない状況であり，三井を頼りながらも妥協を許さぬ要求となっていた。

次に突きつけられた難題は新生・三井の象徴とも言うべき落成間もない「三井組ハウス」を第一国立銀行に譲渡せよとの強要であった。1872 年 7 月末，紙幣頭芳川顕正と大蔵省の御雇い外国人シャンドは 6 月に竣工されたばかりの三井組ハウスを検分し，直後に三井の為替方を廃止するなどの揺さぶりを掛けて，譲り渡さざるをえないように追い込んでいった。また，これに先立つ 5 月頃には銀行設立時には渋沢が指導役として入ることが想定されていたようである（三井銀行八十年史編纂委員会編［1957］60～61 頁）。

以上のように三井にとっては実に過酷な要求を次々突きつけられ断りようのない状況に追い込まれていったものの，三井独自の銀行設立許可を内々に取り付けて，工事費 48,000 円を 128,000 円という高値で三井組ハウスを売却し，名を捨てて実を取った（初田亨［1994］89～90 頁，藤森照信［1989］281 頁）。同時に政府の要求を受け入れることでさまざまな官金取扱いの特権を得る地位を保ち続けたのであった。

「立会略則」で示した合本主義と財政再建策としての発券銀行設立が，ひとつの象徴形（シンボル）として，その姿形を含めて第一国立銀行に結実した。三野村という政治と近いところで能力を発揮する"番頭"が三井の財力を統括しているのに対し，合本主義という多数の株主が出資し，シャンドによる複式簿記の導入と検査体制という近代的な仕組みを導入・運営する能力によって組織を統制すべきと渋沢は考えたのだろう。渋沢自身の立ち位置も「民」主導，正確に言えば「官」だけでは為し得ない経済の牽引を「民」にあって主導する

立場に収斂していった。とはいえ，権力にひざまずかず，同時に財力にもひざまずかないポジションの獲得を目指したにもかかわらず，その獲得の手法が半ば強引に政治的な権力も行使してしか成しえなかったところにその後の道のりの長さを感じさせるところであった。

　1872年9月には三井と小野の双方から頭取，取締役等を同数対等に出す人選が決定し，11月15日の国立銀行条例の公布後，「第一国立銀行株主募方布告」と書かれた小冊を頒布し，同時に東京日日新聞にたびたび株式募集の公告を掲載した。

(4) 渋沢の総監役就任と小野組の破たん

　渋沢は1873年5月7日に井上とともに大蔵省に辞意表明して5月23日に退官した。6月11日に創立総会を開催し，資本金は100万円ずつを三井と小野組がそれぞれ出資し，一般から44万円余の出資を加えて244万円余の資本金で発足した。この時，渋沢から「別段の申合規則」が諮られ「毎事を監正するの役員」を置くことが決定した[2]。この総監役は頭取以下諸役員に対する監督官であり，重役会議の議長になるポジションであった。総会の翌日に契約が交わされ渋沢が「総監役」に就任した。

　7月20日に開業免状を得て，8月1日に開業式をおこない正式に発足した。本店は三井組が為替座として建築していた旧三井組ハウスとし，大阪，神戸，横浜に支店を設けた。もちろん紙幣発行と普通銀行業務をおこなったが，大蔵省その他の官金出納事務が収益，業務とも大きかった。旧来の商人たちは，すぐにはこの新しい国立銀行という仕組みを理解せず，取引関係を取り結ぼうとは考えなかった。よって渋沢は銀行家として民間に入ったにもかかわらず，自らの手で近代的な銀行業の取引先となるべき近代産業を興すことを始めなければならなかった（第一銀行八十年史編纂室［1957］175〜176頁）。その手法としては大蔵省時代に刊行した『立会略則』で示した合本法による，いわゆる多数者の資金を集約した株式会社制度によらねば旧来の商人たちの気質を越えられないと考えたのはよくわかるところだろう。

　同行が株式会社制度を取りながらも「実質上は三井・小野両組の同族会社たる性格」と評されるように両大株主に対する無担保放任貸し出し，特に小野組

の放漫経営によって，すぐさま危機を迎えることになる（加藤俊彦・大内力[1963] 25 頁）。

　小野組とは，もともと近江商人の流れをくみ上方と南部盛岡を拠点に砂金やさまざまな物産を扱い，あわせて酒造業や質屋も兼営していた。幕府が倒れ新政府が樹立され，三井や島田組とともに新政府の為替方に任命され，収納した無利息資金の運用や収納した貢米の売買差額で巨利を得ていった。小野組では小野善右衛門（西村勘六）が銀行部を総理した。宗家は小野善助であったが，勘六は奉公人から出世していき，新政府成立の混乱の中，小野家の主人筋に成り上がった。この善右衛門が無担保で第一国立銀行から借り入れ，製糸や鉱山，米や油などの相場に資金をつぎ込んでいったのであった（宮本又次[1970] 第 3 巻, 23～41 頁）。米や鉱山も管轄した「糸店」を番頭の古河市兵衛が担当し，小野組の経営は統一されておらず，それも放漫経営の一因であった（第一銀行八十年史編纂室[1957] 188 頁）。そして，1874 年 11 月，自家で取り扱う官金出納事務分の担保提出（取扱量の 3 分の 1）の求めに応じることができずに小野組は破たんし，銀行までも早々に危機を迎えた。第一国立銀行から小野組に無担保貸付が 71 万円余，それと小野組並びに番頭古河への貸付が 61 万円余，合計して 130 万円以上貸し付けられていた。渋沢の尽力によって小野が保有する第一国立銀行の株券 84 万円，その他の倉庫内の商品などの資産を回収し，損失を 2 万円弱と最小限に留めた（第一銀行八十年史編纂室[1957] 190～194 頁）。

　古河市兵衛はその後長らく渋沢と親交を持ち続ける経営者の一人である。1832 年に醸造業を営む家の次男として生まれた。父の代に家は傾き，子供の時から商家の奉公を経験し，紆余曲折を経て，京都の小野家に勤めるようになった。幕末開港の時期に生糸取引を担当し巨利をもたらし，彼の担当する糸店を中心に鉱山経営なども手掛けるようになった。それらのビジネスも小野組全体の放漫体質に起因する官金取扱への抵当増額要求に応えられなかったことですべてを失うこととなった（宮本又郎[1999] 219～221 頁）。

　1875 年 1 月には 100 万円を減資して重役を改選し，統監役を廃止して渋沢が頭取となった。減資の内訳は，小野組貸金抵当としての小野組保有株式 84 万円，三井に譲渡された小野組保有株式 16 万円であった。また 4 か所あった

支店のうち2か所を閉鎖し，大阪と横浜のみを残した（第一銀行八十年史編纂室［1957］199〜201頁）。続いて同年1月には大蔵省官金出納事務取扱が停止された。それに対して金禄公債証書を預かる「保護預品取扱手続き」，普通預金よりも金利を高く設定した「利倍定期預金規則」，生糸を担保に内外商に資金を貸し付けた「生糸荷為替」の開始などの商業銀行路線に移行をはかった。

しかし，佐賀の乱や台湾出兵などが続いて物価が上昇して金融逼迫となり，銀行の正貨が流失して引替備金の不足から紙幣発行中止へ追い込まれた。渋沢は紙幣頭の得能良介と交渉した結果，1876年8月に正貨による引替準備金から政府紙幣による準備金への緩和を内容とする改正国立銀行条例が公布された。すなわち発行紙幣は兌換紙幣ではなくなったのであったが，秩禄処分によって下付された金禄公債証書によって銀行設立が可能となり，1879年2月の第百五十三国立銀行に至るまで多数の銀行が設立された（朝倉孝吉［1988］35〜36頁）。

明治10年代前半の銀行設立ブームに基づく好景気，その後の松方デフレ政策による不況期に中小銀行が破たんする中，第一国立銀行は東北地方の支店網や朝鮮半島に業務を拡大していった。同行は東北各県に出張所を設け，米穀金融業務に力を入れた。正貨兌換のない銀行券を発券していたのであるから健全通貨主義に反していたとはいえ，その期待感からか銀行紙幣は政府紙幣と同一の信用を持って流通し，大量の公債の価格下落を阻止して士族救済の目的を十分に果たした（朝倉孝吉［1988］38〜41頁）。

1880年代の第一国立銀行の営業は比較的順調であった。官公預金の比率が減少するが，一般からの預金が増大し，この時期の10年間を通じて2.6倍にふくらんでいた（加藤俊彦・大内力［1963］47，61〜65頁）。貸付も活発におこなわれて一時期預金額を上回る時期もあるが，概して預金額に見合った貸出額であった。その抵当は公債，有価証券，諸商品，地金銀などであり，主として商人に貸し付けられた商業金融であった。その他に当座預金貸越，割引手形，荷為替手形，為替約定などを盛んにおこなっていたことが確認できる（加藤俊彦・大内力［1963］72〜84頁）。

殖産興業資金の供給という目的を当初十分には達成できなかったが，企業勃興に伴い，漸次民間銀行への移行を準備していった（朝倉孝吉［1988］38〜41

頁)。このような状況から「第一国立銀行が他人資本を収集してこれを運用する近代的銀行に近づいて」おり，「地方の国立銀行によくある金貸的銀行と同一視することはでき」ず，「公債保有機関といった性格を脱却」して「商人の銀行たる地位を確立しつつあった」と見なされている（加藤俊彦・大内力［1963］68・85頁）。

2 銀行の基盤をつくった人々

(1) シャンドの果たした役割

多数の国立銀行の中で第一国立銀行が模範的だったのは業績が好調だったからだけなのであろうか。もう一つの理由がアレキサンダー・アラン・シャンド（Shand，1844年生まれ，1872年から大蔵省の顧問，1877年にイギリスへ帰国）による指導にあった[3]。

渋沢はシャンドをして「日本に於ける銀行事務の基礎をつくった」人物と評している。その具体的貢献は『銀行簿記精法』をシャンドが執筆し，1873年12月に刊行したことである。この書は「1864年アメリカで制定されたナショナル・バンク・アクトの趣旨に従って立案された国立銀行条例に準拠して設立された国立銀行に適当と考える諸帳面書体および申請書を作成するために著されたもの」であり，まさに「わが国銀行業の統一簿記制度を生成するにいたった直接の要因となった」複式簿記の伝習書であった。大蔵省の役人と第一国立銀行行員はシャンドを招聘して行内に稽古所を開設し，幹部として期待された佐々木勇之助，熊谷辰太郎らがまず直接銀行簿記法について講習を受けた（第一銀行史177～178頁）。東京の本店は最初から洋式簿記法を採用し，大阪支店も1874年4月から本店に倣って洋式簿記を採用した（第一銀行八十年史編纂室［1957］179頁）。さらに同年同月，大蔵省に銀行学局が設置され，各国立銀行の行員が経済学，銀行条例，簿記法，翻訳等を学ぶ場を用意している（第一銀行八十年史編纂室［1957］180頁）。未だ大学等で経済学や簿記・経済法などの実務教育がなされていない時代に旧来の両替商とはまったく異なる近代的な銀行業を広く普及させていくために費やされたエネルギーとコストの莫大さを感じさせるだろう。

シャンドはこのような銀行業の実務に貢献しただけでなく，創立間もない銀行の舵取りにも大きな役割を果たした。渋沢がその談話記録においてシャンドに関して，真っ先に話題にしているのが上海への支店開設案に反対されたことである。1874～77年頃に数回にわたって大蔵省からの要請により現地での円銀流通をひとつの目的として第一国立銀行は上海への支店開設を検討している。

　その際，シャンドは上海の海外銀行間の競争が激しく金銀比価や円銀の比価が必ずしも有利でないこと，また上海近辺の通用範囲の治安の不安などから，まずは国内の基盤固めを優先すべき点と普通銀行と為替銀行を兼営するべきでないとの理由で真っ向から反対したのであった。

　これに対し渋沢は「私は支那へ手をつけ度いと思って居たから色々に考へて見たが，此異論は正当である」と考えて従ったことを述べている。渋沢は国益優先の考えを持ちつつも厳格な銀行運営の必要性とその十分理にかなった理由を理解した。

　もう一点，渋沢がしばしば語るシャンドの印象として「手堅く厳格な銀行家」という側面がある。例えばシャンドに対し「人としての幅の狭い人であったから，日本銀行界の恩人であるが，余り有難がられぬ。ただ帳面など厳格に調べる人で，第一銀行でも三度ばかり検査された」と語っていたり，「シャンドと云ふ人は余程綿密で，悪く申せば干渉であった」との表現もしている。

　渋沢がシャンドの厳格な銀行検査等を必ずしも忌避していたわけではない。「成るだけ金融を為すは性質を審かにして置かなくちゃならぬ。（中略）唯だ利息が取れる，元金が返るのだ，それ以上は何でも構はぬ，と云ふ事だけでは，如何に堅固な得意先でも知って置く必要があると云ふことは，根本の道理である」と述べ，また「『政治を知って政治に携はらぬこと』とか，『事務を手早くしても叮嚀に』とか『借りに来た人は断っても不快の思ひをさせぬこと』とか，中々味はふべき言葉があり，私などはそれを守らうとした」とあるように銀行業の根本をシャンドから大いに吸収したことがわかる。

(2)　堅実経営の佐々木勇之助

　第一国立銀行の出資面の変遷を示したのが表1-1である[4]。これを見てわかるように，第一国立銀行は三井関係者が半数前後の株を所有し，渋沢自身も

14％程度の株を所有する，少数の大株主に株式の大半が集中する株主構成であった（加藤俊彦・大内力編著［1963］47〜50頁）。第一国立銀行は華士族の出資は少なく，特に旧有力大名の出資はほとんどなかった。

さらには普通銀行に転換して第一銀行となった後，資金面でも経営面でも渋沢色が強まった。この間の取締役，監査役などの役員の変遷を示したものが表1-2である。国立銀行時代には三井家から常に複数の役員が就任し，初期には斉藤純造や永田甚七のように三井組の出身者も役員に就任していたが，普通銀行転換後は三井家から三井八郎次郎だけが取締役に就任し，それ以外の役員も佐々木勇之助や熊谷辰太郎のように生え抜きや渋沢がスカウトした人材となっており，経営面でも三井の影響力は格段に低くなっている（加藤俊彦・大内力編著［1963］28・55頁）。

比較的長く役員を務めたのは，西園寺公成，佐々木勇之助，熊谷辰太郎，須藤時一郎，日下義雄などである。佐々木は，東京貯蓄銀行の監査役を務めるくらいで第一銀行の経営に専念したが，それ以外の役員は他社の役職を多数兼任していた。その役員兼任状況を検討し，第一銀行役職者と渋沢の関係を明らかにしていく。

役員陣の筆頭である佐々木勇之助は1854年浅野家に仕える武家に生まれた。明治維新を迎え父は商売につくが失敗し，人の紹介で実質的に三井家が運営する新政府の金銭出納を担当した「為替方」に入ることができた。その縁で，設立と同時に第一国立銀行の行員となった。渋沢に認められて「銀行伝習生」に選ばれ，シャンドから西洋簿記を直接習う数名の一員となった。1875年に帳面課長，1882年支配人，1896年に取締役，1906年総支配人，1916年渋沢の引退に伴い頭取に就任した（加藤俊彦［1970］140〜145頁）。

佐々木はシャンドから西洋簿記を学んだだけでなく，イギリス風の商業銀行の考え方をも学んだと言われており，堅実主義を第一とする考え方はここに始まっているとも言えよう。同行が初期には官金取扱い，その後東北方面への支店展開，さらには朝鮮半島への銀行業務拡張を進めていく中で，かたや諸商品を抵当にした短期貸付，荷為替金融，当座貸越，コルレスポンデンス約定などの商業金融機関としての機能を充実させ堅実経営を保っていったのは佐々木の功績によるところであった。1937年時点の評価として「五大銀行のうちで何

表1-1 第一銀行主要株主表

	第一国立銀行					第一銀行					
	1890年	株数	1885年下	株数	1896年下	株数	1897年下	株数	1899年上	株数	1905年上	株数
1	三井高朗（三井組）	15,000	三井銀行	18,044	三井銀行	18,698	渋沢栄一	10,428	渋沢栄一	10,102	渋沢栄一	16,540
2	渋沢栄一	5,187	渋沢栄一	4,859	渋沢栄一	10,078	三井銀行	6,346	西園寺公成	3,106	古河潤吉	8,000
3	三井高富（三井組）	3,000	西園寺公成	1,477	西園寺公成	3,120	西園寺公成	3,114	徳川家達	3,000	西園寺公成	5,600
4	西園寺公成	1,654	有終会会長 渋沢	1,399	渋沢篤二	2,138	徳川家達	2,138	鍋島直大	2,000	伊達宗陳	5,074
5	西虎四郎（第一銀行）	1,566	渋沢篤二	1,069	鍋島直大	2,000	渋沢篤二	2,000	古河市兵衛	2,000	徳川家達	3,446
6	深川亮蔵	1,138	鍋島直大	1,000	三井八郎次郎	1,519	鍋島直大		渋沢篤二	1,822	稲西合名会社	3,332
7	渋沢篤二	1,004	稲西合名会社	750	稲西合名会社	1,500	稲西合名会社	1,500	稲西合名会社	1,500	渋沢篤二	3,010
8	稲西南社	750	三井八郎次郎	750	九鬼総太郎	1,000	三井八郎次郎	1,256	三井八郎次郎	1,256	三井八郎次郎	2,414

(出所)「第一国立銀行半期実際考課状」「第一銀行営業報告書」より作成。

表1-2 第一銀行役員変遷表

	21-24期 1883年下～1885年上	26期 86上	28期 87上	32-36期 89上～91上	37-40期 91上～93上	41-45期 93下～95下	1-13期 96下～02下	14期 M03上	15-16期 03下～04上	17期 04下	18-20期 05上～06上	21-24期 06下～08上	25-26期 08下～09上	27-32期 09下～12上
渋沢栄一	頭取	→	→	→	→	→	→	→	→	→	→	→	→	→
三井高福	取締役													
斉藤純造	取締役	→	→											
西園寺公成	取締役	→	→	→	→	→	→	→						
三井八郎次郎				取締役	→	→	→	→	→	→	→	→	→	→
井口新三郎						取締役	→							
三井源右衛門			取締役	→	→	→	→							
三井元之助							取締役	→	→	→	→	→	→	→
佐々木勇之助		支配人	→	→	→	→	取締役	→	→	→	→	→	→	→
熊谷辰太郎							取締役	→	→	→	→	→	→	→
須藤時一郎						支配人	監査役	→	→	→	→	→	→	→
日下義雄							監査役	→	→	→	→	取締役	→	→
土岐											取締役	→	取締役	→
尾高次郎													監査役	→
市原盛宏												取締役	→	→

(出所)『第一銀行史』より作成。1896年以前は第一国立銀行。

処とはなしに古臭い消極的な経営ぶりが感ぜられる」と評され，「取引先の多くは中以上の織物問屋とか薬種問屋といった風のものが多く」，「何となく前垂れ式の経営方針が残ってい」ると叙述される行風はまさに佐々木に由来するところが大きいだろう（西野入愛一［1937］150頁）。

(3) 華族資本の代理人・西園寺公成

　西園寺公成（1835～1904年）は小野組倒産後の1875年から1904年までの間，29年間という長期間，取締役を務めた。西園寺は同時に宇和島伊達家家令でもあり，当主伊達宗城は渋沢が大蔵省に出仕したときの大蔵卿であった。「伊達家資材ノ運用始ト挙テ先生（渋沢）ニ託ス増殖スル所甚タ多シ」とあり，家令の西園寺公成が旧宇和島藩の20万両を預かって渋沢に預けたところ「君ニ委託セリ爾後年々増殖シテ其数原資ノ三倍以上ヲナシ」との記述がある（第一銀行八十年史編纂室［1957］788頁）。このような渋沢と宇和島伊達家のつながりの中で渋沢が西園寺の人物を知るところとなったと思われる。「西園寺公成（士族）は八年上期に百株，下期に五三株，計一五三株を渋沢より譲受けて株主となり，八年下期から取締役に就任している」とあるように西園寺の能力を評価した渋沢が，わざわざ西園寺のために取締役就任に必要な株式を用意して第一国立銀行の取締役に就任させたと思われる（加藤俊彦・大内力編著［1963］54頁，渋沢青淵記念財団竜門社編［1960］別巻第4，609頁）。

　西園寺が第一銀行内でどのような役割を担ったかは必ずしも定かではないが，他の会社の役職兼任状況はある程度知ることができる。東京貯蓄銀行，株式会社東京石川島造船所の取締役，磐城炭礦株式会社，東京瓦斯株式会社，大阪瓦斯株式会社，株式会社二十銀行の監査役などを務めている。東京瓦斯株式会社は渋沢が筆頭株主であり，1894年には取締役会長に渋沢，取締役に須藤時一郎が入っている。大阪瓦斯株式会社は，早くから設立準備がおこなわれていたにもかかわらず内紛で進展せず，浅野総一郎の首唱に渋沢，西園寺が応じてようやく設立にこぎ着けた会社であった。これらの会社は渋沢が設立発起，出資，役職就任とかなり深く関与した会社ばかりである。

　渋沢は華族資本に連なる西園寺を早い時期から取締役に迎え入れた。西園寺は直接に宇和島伊達家の資本を第一銀行に引き入れたわけではないが，その財

力・信用力をもとに第一銀行の上位株主となっていったと思われる。それと同時に渋沢の他の事業においても大口の出資をしてなおかつ役職に就き，渋沢のパートナーの役割を果たした。

(4) 関西の取りまとめ役・熊谷辰太郎

次に大阪の支店を支えたのが熊谷辰太郎であった。熊谷は設立時には「本店帳面方」の役職記録があり，すぐに「5等勤仕書記課長」，そして「帳面課長」と異動があり，1875年から「大阪支店勘定改役」に転任している（第一銀行八十年史編纂室［1957］249～253頁）。1876年には「4等出仕」に昇級し「神戸支配人兼大阪支店勘定改役」となった。1877年には「大阪支店勘定改役本務」となった（第一銀行八十年史編纂室［1957］435頁）。

その後，第一銀行の残存史料の制約から詳細不明時期があるが，1886年に大阪支店に協議役が置かれ，熊谷がこの任にあたった。協議役は「大阪，西京（京都を意味する支店名）両支店の事務を整理し，営業の進捗を図る」ための役名であった。熊谷は大阪財界において五代友厚や藤田伝三郎に次ぐ地位を占め，さまざまな会社の設立に関わったことが記されている。1891年頃には本店に戻り佐々木とともに2人支配人体制をとった（第一銀行八十年史編纂室［1957］505～507頁）。1896年に熊谷は再び大阪支店支配人に転じている（第一銀行八十年史編纂室［1957］548頁）。また同時期，第一国立銀行が株式会社第一銀行に改組した時点で取締役にも選任されていることが確認することができる（第一銀行八十年史編纂室［1957］627頁）。

熊谷が大阪財界で重きを成した一つの舞台が大阪紡績であった。大阪紡績は大規模紡績工場の必要性を痛感していた渋沢栄一が1880年頃から具体的に動き出し，第一国立銀行内に創立事務所を置いて準備した会社であった。1883年の発足時の役員に熊谷は取締役として加わった。渋沢は筆頭株主であったが，役職としては相談役であった。しかしながら工務支配人とした山辺丈夫を補佐する「紡績生徒」として渋沢の甥に当たる大川栄太郎，佐々木勇之助の弟・佐々木豊吉，渋沢の知人・門田顕敏などを配していることからその力の入れようが窺い知れる（東洋紡績株式会社社史編纂室［1986］15～25頁）。

熊谷は1892年まで大阪紡績の取締役にも就任していた。そして大阪紡績の

資金面を支えたのはまさに第一（国立）銀行であり，大阪紡績が原料綿を買い付ける資金を約束手形として振り出し，それを第一銀行が割り引くことで支えていた（東洋紡績株式会社社史編纂室［1986］125・155 頁）。

　1903 年には第一銀行の四日市支店長の佐々木清麿が大阪紡績の支配人に就任し，1905 年に熊谷が再び大阪紡績の取締役に復帰している。これらは業績不振，非効率な管理運営を正すためであり，改革の成果もあって日露戦争後には徐々に業績は上向いていった（同上 154～158 頁）。業績の好転から増資が頻繁におこなわれ，筆頭株主の渋沢の序列は徐々に下がり，1914 年には上位 10 位からはずれるようになった（東洋紡績株式会社社史編纂室［1986］159 頁）。戦前に発生し戦後には当たり前のように定着したメインバンクによる取引先会社のモニタリングはこの第一銀行と大阪紡績にその萌芽的なケースをみることができるだろう（高村直助［1971］100 頁，岡崎哲二・奥野正寛［1993］，岡崎・奥野［1993］）。

（5）　三井の離脱による変化

　1890 年代において，佐々木勇之助支配人をはじめとする渋沢系の第一国立銀行内の首脳陣にとっては三井との関係が大きな問題であった[5]。特に中上川彦次郎が三井の指揮をとり始めた以降，警戒を強めている[6]。渋沢は「中上川と云ふ人は妙に人を圧迫すると云ったところがあって，『あれがどうするか判らない』と云ふ気持ちは私にもあった」と述べている。行内では支配人の佐々木勇之助が「三井のさういふ風な態度なので，乗っ取ろうとは考へなかったが，到底あれでは心細い―まあ乗っ取られはしないかと考へ」，1892（明治 25）年に東京貯蓄銀行の設立をはかっている。このことは「（開業の）1，2 年前から熊谷氏が本店の支配人となり，私と二人でやっていたが，熊谷君の考えで『我々はとても第一銀行に居られぬかも知れぬ，だから何か一つ小さな貯蓄でも立てて其の処へ立て籠もるといふ事にしょうじゃないか』という説があり至極それがよかろう，（中略）子爵にも御同意を得て立てる事になったのです。」という記述にもあらわれている（青淵記念財団竜門社編［1960］第 5 巻，12～13 頁）。

　さらに中上川はその工業化政策によって三井がイニシアティブをとれない会

社の株式を集中的に手放した。三井と渋沢の関係は明治前半期において、多くの事業を渋沢の提唱、三井の出資の形で手がけるが、明治中期になると中上川の主導によって渋沢・三井の共同事業のうち、「三井とは縁が深いが、三井系以外のもとに経営の実権のある第一銀行、日本銀行、日本鉄道、利根運河等の企業の株式は売却して、その資金で鐘紡、王子製紙、北海道炭礦鉄道などの株式を購入して完全な三井の傘下に置いた」とあるように、はっきりとした事業の選別がおこなわれた（株式会社三井銀行［1976］71頁、成田潔英［1957］第2巻、61〜72頁参照）。渋沢の談話に「三井ではその後中上川が渋沢の下に付くのは厭だと云って株を売った—殆ど売って八郎次郎氏の株が少し残ったばかりでした。—私は之を買ったのです。かく株を売って了ったが喧嘩はしなかった。併し右の株を売ったのは三井主人の考えから出たのではなく、中上川の意向でありました」と記されている（渋沢青淵記念財団竜門社編［1960］別巻第5、604頁）。これらの株はこの証言にある通り、第一銀行の大株主である渋沢をはじめとする取締役らによって買い取られたと見られる。1896年2月23日に開催された渋沢同族会で三井銀行から第一国立銀行株200株を1株84円にて購入する件が『渋沢同族会議案』に載っている。「同行株ハ時価ニ比シテ利益配当率ノ宜シキノミナラズ年来ノ関係上資力ノ許ス限リハ可成丈ケ多額ニ之ヲ所有スルノ得策ナルヲ以テ」と記されており、先のことを裏付けよう。

事実、表1-1が示すように1896年の普通銀行転換直後、三井は18,698株を保有する筆頭株主であったのが、保有株式の売却を進め、1897年下期には6,346株、1898年上期には4,986株と保有株式を減らしていき、ついには1899年上期に三井八郎次郎の持ち株を除き、三井銀行保有株をすべて売却した。

このことはもともと三井と小野組の折半出資で設立され小野組倒産後三井を大株主とした第一国立銀行が、安定的な出資基盤を失ったことを意味した。第一銀行にとって早急に強力な収益源の確保が必要であったと推測され、それが日清戦争後の第一銀行が朝鮮でこれまで以上の権益獲得を強引に推し進めた一因と推測しても無理はあるまい。

3 第一国立銀行の朝鮮半島進出

先にも記したように第一国立銀行の当初の収益源は公金取扱いであった[7]。表1-3を見てわかるようにその後，国内の公金取扱いが順次減少していき，貸付期間の短い商人への貸付けを増やしていった（加藤俊彦・大内力編著［1963］75～85頁）。

同時に同行は1878（明治11）年に釜山支店を開設し，1884（明治17）年に朝鮮貿易港での海関税の取扱いを開始した。しかしながら長い間，朝鮮半島設置の支店の純益金は伸び悩んだ。1905（明治38）年のいわゆる三大特権獲得（朝鮮国庫金の取扱い，貨幣整理事業，第一銀行券公認）以降ようやく大幅に純益金は増大し，1907（明治40）年には全店純益金の40％余りを支えていた。しかし1909（明治42）年には植民地化に伴い韓国銀行に経営を移譲している。その後，第一銀行（1896年～）は，一般預金，商業金融，産業金融を拡大していき，真の意味での近代金融業に脱皮していった。他の銀行とは異なる，この一面を見ていこう。

(1) 朝鮮への早期進出

渋沢が朝鮮半島へ経済進出していった端緒は，1876（明治9）年の日朝修好条規の締結によって，日本通貨の朝鮮内流通権とその他の進出の足がかりを獲得したことであった。維新政府の大久保利通は，朝鮮への経済進出を大倉喜八郎に勧奨し，大倉が金融面での進出を渋沢に呼びかけたのであった[8]。第一国立銀行の大株主である三井が反対し，第一国立銀行としての朝鮮進出は果たせず，当初は大倉と渋沢両名による個人事業として開設されたようである。

上海での為替業務への進出は前述の通りシャンドに反対されて思いとどまった渋沢であったが「朝鮮は別だ，朝鮮を止める訳には行かぬと，此の時はシャンドの云った事に従わなかった」と述べるように朝鮮への進出を推進していった（渋沢青淵記念財団竜門社編［1960］別巻第5，639頁）。

このような前史を経て，1878（明治11）年に第一国立銀行釜山支店は開設された。きわめて早い時期に第一国立銀行の朝鮮への支店開設構想を推進した

表 1-3 第一（国立）銀行の各種業績

年号	朝鮮支店の純益金	朝鮮政府貸上金	海関税受入額	公金預金	貸出金残高	預金残高
1878	372				19,000	5,000
1879	6,241			2,000	96,000	9,000
1880	9,769			11,000	25,000	21,000
1881	10,027			19,000	54,000	32,000
1882	9,422			8,000	45,000	16,000
1883	12,561			8,000	246,000	22,000
1884	13,254	64,000	61,000	12,000	56,000	23,000
1885	6,288	151,000	94,000	16,000	33,000	54,000
1886	7,554	93,000	149,000	21,000	50,000	59,000
1887	13,677	10,000	303,000	55,000	68,000	90,000
1888	24,400	36,000	260,000	16,000	337,000	135,000
1889	48,483	10,000	195,000	46,000	481,000	196,000
1890	61,727		482,000	73,000	357,000	181,000
1891	22,423		522,000	68,000	452,000	230,000
1892	20,768		413,000	76,000	432,000	264,000
1893	11,188		310,000	48,000	458,000	245,000
1894	20,702		381,000	313,000	452,000	633,000
1895	32,533		590,000	540,000	584,000	1,187,000
1896	48,170		604,000	645,000	655,000	1,188,000
1897	78,914		974,000	806,000	387,000	1,622,000
1898	80,159		867,000	1,168,000	762,000	1,707,000
1899	60,171		752,000	685,000	1,369,000	1,538,000
1900	102,864		926,000	1,178,000	1,399,000	2,391,000
1901	119,153		1,084,000	1,813,000	1,552,000	2,871,000
1902			977,000	1,916,000	1,869,000	3,370,000
1903			1,256,000	2,201,000	2,516,000	4,597,000
1904			1,723,000	3,389,000	2,770,000	7,387,000
1905	399,208		2,251,000	4,414,000	3,641,000	8,121,000
1906	481,053		2,173,000	5,524,000	4,765,000	10,612,000
1907	749,683			5,187,000	7,105,000	11,421,000
1908	684,854			2,278,000	6,617,000	9,644,000
1909	717,540			39,000	1,901,000	4,092,000

（注）単位は円。（出所）村上 [1975]，[1987]，第一銀行八十年史編纂室 [1957] より作成。

のはまさに渋沢であった。それには「朝鮮に限って実業家の私も政治上の興味を持った。之は歴史に教えられた為でもあろう」と述べる政治的動機が含まれた（渋沢青淵記念財団竜門社編［1960］別巻第 5, 639 頁）。

(2) 業務内容の拡張と業績の低迷

　開設直後から第一国立銀行は朝鮮での業務内容を拡張していった。1880（明治 13）年に元山出張所を開設するが，これは砂金買い上げを目的としたものであった。1884 年から砂金の買い入れを開始し，1886 年には日本銀行と地金銀の買い入れ契約を結び本格的に朝鮮産金の買い入れをおこなった。1883 年に仁川出張所を設置し，翌年には仁川・釜山・元山三港の海関税取扱い契約を締結している。この契約に付随して一覧払手形の発行権を獲得し，海関税を抵当として対朝鮮政府貸付もおこなった。渋沢はこの時点から将来的に朝鮮での銀行券を発券したい考えを持っていたようであり，それを後年実現していく[9]。

　業務は拡張されていったが，第一国立銀行の朝鮮支店の業績は長期的に低迷を続けた。大倉喜一郎の記述に「第一銀行に移管してから後も，可なり経営難に苦しめられた様であった」と記されていたり，第一銀行の資料にも「朝鮮における本行の経営は次第に歩を進めたけれどもなほ創業の時代に属し，事業の見るべきは寧ろ十七年以後にあり」と記されている（渋沢青淵記念財団竜門社編［1960］第 16 巻, 10～18 頁）。

　「事業の見るべきは寧ろ十七年以後」とあるが，1884 年に朝鮮政府は銅貨の鋳造を計画したが中止となり，資金を融資した第一国立銀行に銅塊 30 万斤が担保として残り大きな損害を受けた記録が残っている。そのため「かねて政府より借用せる釜山支店流通資本金の残額 7 万円の返納延期を再三大蔵省に請願したるが，遂に聴許せられざりき，以て当年における営業の困難を察知すべし」という状態であった（渋沢青淵記念財団竜門社編［1960］第 16 巻, 34～35 頁）。1880 年代半ば過ぎまでの業績は全く拡大せず低収益を続け，1886, 87 年には先に記した影響等により，開業当時の業績に低落してしまった。

　ようやく 1888（明治 21）年頃から業績が上向き，朝鮮支店の純益金が 88～90 年と顕著に増大している。その原因としてはまず景気の回復や仁川港の発

達などがあげられている（橋谷弘［1993］243～254頁）。収益に大きく寄与した業務としては海関税の受け入れがあげられよう。1887年以降多少の増減はあるが顕著に増大傾向を示している。

　日清戦争以前の段階では朝鮮支店の収益は1890年がピークであり，全店の10％程度を占めるに至った。しかしながらその後は再び3％前後まで落ち込んでしまった。日清戦争前に朝鮮での日本勢力の後退もあり，純益金の額も比率も大きく低下する。それ故，同行は朝鮮事業の縮小も検討し，1893年には京城支店の廃止を検討している[10]。

(3) 早期進出，支店維持の理由

　以上，日清戦争に至る時期までの第一国立銀行の朝鮮での事業展開を跡付けてきた。第一国立銀行はどうして創業の初期から収益の安全性が確認されない未知の事業に進出し，収益の低迷が続く中，撤退せずに事業を維持し続けたのであろうか。これまでの研究では朝鮮に進出した第一国立銀行の「利権獲得機関的な性格」や「植民地銀行的色彩」がたびたび指摘されてきた。確かにきわめて初期の段階からこのような性格を備えていたことは驚きに値する（波形昭一［1985］45～47頁）。なぜならば日本国内にあって明治初期から征韓論などの朝鮮に対する侵略的な見解は根強かったが，一般的には政府，民間ともそれがすぐさま朝鮮半島の植民地支配につながる認識ではなかったからである（坂野潤治［1977］，マーク・ピーティ［1996］）。

　既に記したように早期の進出は，基本的には政府の主導に，渋沢自身の朝鮮に対する政治的関心が加味し，確かに「強引な渋沢のリーダーシップ」によってなされた[11]。また，渋沢は低収益を改善するために公金取扱いや海関税取扱い，低利の政府融資，地金銀の日銀への売却といった特権を次々に取得していき，不安定ながらも朝鮮支店の高収益性を確認できるまでに至らしめた。その点では「渋沢の政商的側面」も確認されよう。

　これらの事実を踏まえた上で，第一銀行の経営状態全般から朝鮮支店の活動を再度位置づけてみたい。既に第一国立銀行の1880年代後半～90年代前半の不振に対して「第一銀行は，東北，北陸，関東地方において有していた独占的地位と官金取扱い等の諸特権の喪失を朝鮮において代わりに求め」たと指摘さ

れている（村上勝彦［1975］44頁）。

　もう少し詳しくこの経緯を追ってみよう。まず官金取扱いであるが，第一国立銀行は1875（明治8）年に大蔵省官金出納事務取扱いの停止を受けていたが，一方諸府県為替方を次々に増やしていた。初期においては民間預金よりも政府預金が上回っていた（第一銀行八十年史編纂室［1957］上巻，235・243頁）。資料上の制約は大きいが，少なくとも政府系預金は初期においてはその比率は決して少なくなかったことがわかる。その後，当座預金や定期預金が増大する中，政府系預金は減少していった。特に1900年代から預金全体が大幅に増大していく中，その比率は急激に下がっていき，1912（明治45）年に消滅した（表1-3参照，第一銀行八十年史編纂室［1957］804頁）。

　1890年恐慌以降，銀行全体の業績は低迷していた。1890（明治23）年の520,972円をピークに純益金は減り続け，1893（明治26）年には332,927円にまで減少する。配当も1888年の1割6歩から1890年には1割2歩にまで減らした。増資分の未払込分の徴収もままならず，やむを得ず1890年に株式の額面を100円から50円に減額し，既払込分をもって全額払い込み完了とする苦肉の策をとっている（「第一銀行五十年史」青淵記念財団竜門社編［1960］第4巻，488〜489頁）。この状況は日清戦争とその後の戦後好況によってようやく救われた。

　このことと連動して影響の大きかったのが地方支店の大幅な整理だろう。1880年前後から次々と開設された仙台・石巻・盛岡・秋田・福島・新潟・宇都宮・金沢の支店は1890年代後半から1900年代にかけて立て続けに廃止された（第一銀行八十年史編纂室［1957］524頁）。これらの支店の開設目的は「生糸・米穀荷為替取扱ノ為メ」であったが，同時に国庫金・地方税の取扱いがあったからこその支店設置であった。当初は良好の成績を上げたものの，「普通営業は閑淡にして支店を置くの必要なき」状況となり，開設から20年に満たない期間で廃止されるに至った（「第一銀行五十年史稿」青淵記念財団竜門社編［1960］第4巻，233，451〜453頁）。結果として支店は大阪・横浜・神戸・京都・名古屋といった大都市のみとなった。東北，北陸地方における米穀や生糸の荷為替業務が期待されたが失敗に終わり，あとは「先生は東北及び北陸地方の支店を廃止して其の力を朝鮮方面に移し，以て海外に発展せんと

す」とあるように朝鮮での事業展開にかけるしか選択肢は残されていなかったのであった（「青淵先生伝初稿」青淵記念財団竜門社編［1960］第4巻，454頁）。

（4） 日清戦後の好調と朝鮮での業務拡張

　日清戦争が始まると第一国立銀行の業績は急速に回復した。軍事公債を大量に引き受けるなどして戦争に積極的に関与した。その結果，「金利も相当の高歩を保ちたるが上に，朝鮮各支店の利益少からざりしば，戦役の期間を通じて繁忙を極め，優秀の成績を挙ぐるを得たりき」と純益金も順調に回復したのであった（青淵記念財団竜門社編［1960］第4巻，500頁）。

　しかしながら戦争終結後の戦後景気は長く続かなかった。1896（明治29）年には不況が始まり1901（明治34）年に再び恐慌となるなど，日清日露戦間期は軍拡・緊縮財政などから不況基調が続いた。1896年には国立銀行は満期を迎え，普通銀行に転換した。日清戦後は第一銀行にとって取りまく環境が激変したが，倒産した中小銀行の預金が流れ込むなどして業績は比較的順調に推移した（青淵記念財団竜門社編［1960］第4巻，575頁）。にもかかわらず第一銀行は朝鮮においてより積極的な業務拡大を指向していく。

　日清戦後の朝鮮では清国の影響力が排除され，日本の経済活動は活発になった（青淵記念財団竜門社編［1960］第16巻，36頁）。その活動を支援するため，朝鮮での円銀の通用が追求されていく。当時の韓国の状況では自前の通貨をすぐに発行する準備はなく，円銀が流通することとなった。さらに日本銀行による第一銀行への円銀25万円の貸し付けをもとに日本紙幣さえも流通するようになった。また同時期に第一銀行は大蔵省から戦後の朝鮮経営に関する意見を求められ，第一銀行が朝鮮中央銀行となる用意のあることを表明している（朝鮮銀行史研究会編［1987］18～20頁）。

　朝鮮での円銀通用案は金本位制導入に伴い余剰となる銀貨の活用策でもあった。この案は大蔵省の阪谷芳郎の立案によるものであり，渋沢も1897（明治30）年8月に刻印付円銀通用策を献策している。同時に阪谷は銀行券や本位貨を発行する朝鮮銀行の設立を主張している（阪谷芳郎「朝鮮経済策」『国民之友』第270号，1895年3月，波形昭一［1985］93頁～，高嶋雅明［1978］）[12]。

しかしながらこれらの施策はロシアの進出，閔妃殺害事件による日本勢力の後退により挫かれていった。すなわち，三国干渉後ロシアは朝鮮に対し日本と同等の影響力を持つようになり，ロシア人の韓国財政顧問，アレキセーフによって1898年に露韓銀行が設立され，円銀の通用を禁止し，新たな貨幣条例が発布された[13]。

この時，渋沢は刻印付円銀の通用禁止の解除を求めて韓国皇帝に謁見している[14]。渋沢は実際に朝鮮国内で大量に流通している円銀が金本位の実施によって引き上げられれば貨幣不足になって経済の発展にマイナスとなると主張した（青淵記念財団竜門社編 [1960] 第16巻, 79頁）[15]。

(5) 銀行券発行計画

円銀の通用禁止令は解除されたが円銀の流通量は減少したままであった。そこで第一銀行は韓国での銀行券発行を準備し始めた。1900 (明治33) 年6月4日には松方蔵相，青木外相，山本日銀総裁らと懇談し，根回しを進めた（青淵記念財団竜門社編 [1960] 第16巻, 96頁）。ちょうどその頃，列強の韓国への関心は強まり，アメリカは海関税を担保に借款をまとめる寸前までいった。既得権益である海関税の危機を感じた渋沢はすぐさま直接交渉に乗り出した。1900年11月に渋沢は京仁鉄道開通式出席のため2度目の渡韓をし，その際200万円の借款供与と海関紙幣発行権の獲得を総税務司のブラオン氏と交渉するが失敗する（青淵記念財団竜門社編 [1960] 第16巻, 128〜129頁）。

ロシア，フランス，アメリカと借款獲得競争はエスカレートし，第一銀行はその混乱を避けて通貨発行を借款から切り離し，1902年5月に無記名式一覧払い約束手形発行を強引に実行する。同行はそれ以前にも第一銀行券の朝鮮内発行を交渉していたが受け入れられず，無記名式一覧払い約束手形と形をかえて導入を図ったのであった[16]。これは政府の反対をも振り切って実施されたものであった（青淵記念財団竜門社編 [1960] 第16巻, 137頁）。ロシアは強硬に抗議し，朝鮮政府に銀行券授受の禁止令を出させるが，これを威嚇を伴った領事の抗議によって撤回させている。一覧払い手形の発行額は1902年末で60万円を超え，これは朝鮮で流通する日銀兌換券の3分の1から2分の1に達する額であった（高嶋雅明 [1978] 70頁）[17]。

日清戦後,第一銀行の朝鮮支店はあたかも政府の出先機関として行動し,渋沢も朝鮮に対しまるで政府代理人であるかのごとき行動をとっている。しかしながら時としてその進出の手法では意見の衝突を見ている。例えば井上馨は日清戦争後に朝鮮における中央銀行設立構想を持つが第一銀行はそれを拒絶している。井上は朝鮮での日銀兌換券や第一銀行券の流通は国際法上無理があるとして,日本の資金によって設立された中央銀行を通じてコントロールする手法を主張したが,第一銀行の主張はあくまで第一銀行券の流通を前提とするものであった(高嶋雅明［1978］59頁)。また,ロシアの露韓銀行構想に対し,日韓銀行設立案などが浮上した時も,渋沢は反対している。日韓銀行をつくるなら純然たる朝鮮銀行を作るべしと主張するのであるが,その主張は常に第一銀行の朝鮮での既得権益を保持するものであった。

(6) 事実上の韓国中央銀行へ

前述の無記名式一覧払い手形の発行によって第一銀行は政府においても「銀行券の発行は全く海関税出納銀行として,又事実上の中央金融機関としての特別なる地位」と認識されるところとなった(青淵記念財団竜門社編［1960］第16巻,137頁)。しかしながら第一銀行券は日露戦争以前には必ずしも流通は拡大しておらず,その後の他の貨幣政策の実施と相まってようやく「韓国通貨」の地位を勝ち得た(高嶋雅明［1978］114頁)。すなわち,1905(明治38)年1月の目加田顧問の「韓国貨幣制度整理案」によって第一銀行韓国国庫金取扱い契約を結び,第一銀行券の無制限通用が公認された。さらに1905年3月に韓国中央銀行としての業務が法制化された(朝鮮銀行史研究会編［1987］26〜29頁)。

この段階で第一銀行の中央銀行化の方向性への反対も存在した。それに対し第一銀行はあくまで自行主導による朝鮮金融制度の推進をはかった(高嶋雅明［1978］122〜142頁)。しかしながら,だんだんと一民間銀行が中央銀行と普通銀行を併せ持つ植民地銀行の業務を一手に引き受けていることの無理が目立ってくる。1907年頃の阪谷文書に「韓国中央銀行設立ニ関スル方法」などの資料があり,朝鮮中央銀行への編成替えを阪谷が主導して構想していた。これを察知した渋沢は1907年8月にこの計画について伊藤・目加田に問い合わ

せをしている。その後1908年2月に大韓銀行設立案が渋沢に示されたが，これは伊藤統監の主導で進められたものであった（高嶋雅明［1978］144～147頁）。

(7) 朝鮮半島での活動の意味

　以上の朝鮮に対する渋沢と第一銀行の行動をどう評価すべきなのであろうか。これまでは第一銀行朝鮮内支店の高収益性とその植民地銀行的性格が強調されてきた。その理由として東北諸支店の閉鎖との関連性が既に指摘されているが，もう少し厳密に朝鮮内支店の評価と第一銀行そのものの置かれた状況をあわせて考えねばならない。まず第一は，当初から高収益を上げることができたわけではなく，収益に寄与するに至るまできわめて長い時間がかかったことである。紙幣発行権がなくなり，公金取扱いも減少していった第一国立銀行にとって1890年前頃には次の収益の柱を模索した期間であり，東北における荷為替と朝鮮での活動が推進されたがどちらも収益性は低く，将来性という点で朝鮮が残された程度に過ぎなかった。その意味で唯一残された選択肢である朝鮮内支店の成功は普通銀行転換後の三井の離脱と相まってもはや失敗の許されない瀬戸際の選択肢であった。日清戦争後に朝鮮内支店は高収益を上げて銀行全体に寄与するようになったが，中央銀行の設立によって高収益を長く享受したわけではなかった。とはいえ，三井を離れて財閥を持たない第一銀行にとってその後，合併を重ねて全国規模の預金銀行となるまでの間の収益の柱となった意味は大きかった。

　第一銀行側からは朝鮮内支店の活動の拡大に向かうこのような理由が浮び上がる。とはいえ朝鮮での活動は選択不可能な残された選択肢であったわけではなく，中途で破棄されてもおかしくない多大な困難をともなった事業であった。それを放棄させなかったのはやはり渋沢のイニシアティブによるところがきわめて大きかった。渋沢は幕末以降強まった一般的日本人の持つ対朝鮮意識を共有していた。すなわち日朝同祖論であり，朝鮮に対する近代国家としての先進意識であった。それに明治中期以降の帝国主義的軋轄の強まりの中で自由貿易の追求は困難になり，保護主義的傾向が強まる中，日本の経済圏として朝鮮が不可欠という認識をはっきり持つようになっていった。それ故，第一銀行

によって朝鮮の経済近代化を担うべきという意識を強く持ち続けたのであろう。

渋沢の根本理念として政府や財閥に依存すべきではなく自立の道が必要であった。そのための独自路線が朝鮮での活動であったのであるが，朝鮮そのものの主権を軽視した考えそのものは大いに批判されなければならないだろう。

■ おわりに

第一国立銀行の設立から普通銀行への転換後の足跡を駆け足で紹介してきた。第一国立銀行はその名前が示す通り，日本初の近代的な銀行としてさまざまな商業金融や西洋簿記の導入などに見られるように後に続く銀行の模範となるものとしての位置づけで設立された。しかし同時に政府の財政逼迫下での不換紙幣整理という民間銀行としては到底背負いきれないような重荷を背負っての出発であった。そのひずみは頼りとされて強引に参加を強要された三井や小野組の大商家に矛盾と無理を押しつけるものであった。その結果，放漫経営に起因する小野組の破たんとその銀行への多大な影響，三井と渋沢の長きにわたる主導権争いなどの問題が重くのしかかることになった。

これらの困難な道を克服するには渋沢栄一という積極的リーダーと佐々木勇之助という堅実な実務家の両輪が欠かせなかった。渋沢は大阪紡績に代表される近代産業の育成や巨商・三井との調整，東北振興のための積極出店，そして朝鮮半島での金融業の展開と，失敗や軋轢を伴いながらも第一（国立）銀行の使命を果たすかじ取りをおこなっていった。しかし，その一方で佐々木支配人に代表される堅実主義経営，商業金融中心主義があったからこそ，難しいかじ取りの中，幾多の困難に出会いながらも第一（国立）銀行を非財閥系の独立銀行として長らく金融界の中心に位置づけさせることができただろう。

現代とは大きく異なる経済環境，世界情勢の中での巨大金融機関の誕生と成長から現代的な意味合いを読み取ることができるのだろうか。渋沢栄一は「道理正しいビジネス」を常に標榜していた。そして「官尊民卑の打破」のスローガンのもと民間経済の自立を目標としていた。第一（国立）銀行の足跡を見るとこのふたつの命題を両立することがいかに難しかったかが伝わってくる。そ

して積極姿勢と堅実姿勢のバランスの難しさもにじみ出ている。それらへの正答がすぐにあるわけではないが，道理正しく自立できるビジネスのあり方は，最後の拠り所として誰もが持ちたい「矜持」とも言える姿勢ではないだろうか。

〈注〉

1) 以下，第一国立銀行時代と 1896 年の普通銀行転換後の第一銀行の両方にまたがる場合「第一（国立）銀行」の表記を用いることとする。なお，第一国立銀行の設立過程については島田昌和［2011］の記述に基づいている。
2)「渋沢自叙伝」では「銀行当事者は渡りに舟とばかりに私に頭取就任を慫慂した」と表現されている（渋沢栄一［1997］222 頁）。
3) シャンドに関しては島田昌和［2006］24〜26 頁の記述に基づいている。
4) 以下の記述は島田昌和［2007］159〜168 頁の記述を元に加筆修正している。
5) 以下は島田昌和［2007］160〜161，332〜333 頁の記述に基づいている。
6) 中上川は 1891（明治 24）年に三井銀行理事に就任し，翌年副長となり実権を掌握する。しかし，1901（明治 34）年には失脚し死亡している（宮本又郎［1999］331〜336 頁）。
7) 以下は島田昌和［2006］と［2007］第 10 章の記述に基づいている。
8) 第一国立銀行の朝鮮進出の過程は波形の研究に詳しい（波形昭一［1985］41〜55 頁）。この経緯については石井寛治も同様に指摘している（石井寛治［1972］7 頁）。また居留地貿易体制に関しては高島雅明［1978］34〜46 頁も参照されたい。
9) 渋沢は 1883 年の書簡で将来的にバンクノートにしたい意向を記している（「渋沢栄一書簡」，渋沢青淵記念財団竜門社編［1960］第 16 巻，23 頁）。
10) 結果的には外務省筋の要請により支店の廃止が中止されている（波形昭一［1985］48 頁）。
11) 例えば石井寛治は「1878 年に始まる朝鮮での支店開設が政商としての渋沢の強引なリーダーシップによるものであり，日清戦争前には国内本支店に比して利益が薄く，一時は京城出張所の閉鎖も考えられるほどであった」と述べている。また「同行は朝鮮での砂金・地金買入業務のために 84 年以降大蔵省や日本銀行から低利の資金を借入れただけでなく，貿易金融のためにも多額の資金を借入れ，各港領事館の官金取扱いを独占するなど，渋沢の政商的側面はその点でも遺憾なく発揮された。」とも指摘している（石井寛治［1972］7 頁）。
12) 阪谷は渋沢の娘婿で大蔵省主計局長（1897 年〜），同総務局長官兼主計局長（1901 年〜），大蔵大臣（1906 年〜）などを歴任した。
13) その後，韓国内の行き過ぎたロシア依存への反発などから一時的にロシア主導の経済支配は後退する（朝鮮銀行史研究会編［1987］21〜22 頁）。

14) 1898（明治31）年5月7日に面会している。
15) またロシアとの対抗として浮上した日韓銀行設立構想案も純然たる朝鮮銀行を設立すべきと言って反対している（南逸人［1898］「日露新協商と渋沢氏の来韓」『東京経済雑誌』931号，6月，高嶋雅明［1978］63頁）。
16) 機能としては銀行券とまったく同じであった（高嶋雅明［1978］101頁）。
17) しかしながらそれ以上に流通が拡大するのは日露戦争後を待たねばならなかった（高嶋雅明［1978］104〜114頁）。

〈参考文献〉

朝倉孝吉［1988］『新編日本金融史』日本経済評論社。
石井寛治［1972］「成立期日本帝国主義の一断面―資金蓄積と資本輸出―」(『歴史学研究』第383号)。
井上勝生［2006］『幕末・維新』岩波新書。
岡崎哲二・奥野正寛［1993］『現代日本経済システムの源流』日本経済新聞社。
加藤俊彦［1970］『日本の銀行家』中央公論社。
加藤俊彦・大内力［1963］『国立銀行の研究』勁草書房。
神山恒雄［2004］「井上財政から大隈財政への転換」(高村直助編『明治前期の日本経済』日本経済評論社)。
河野幸之助［1970］『第一銀行を築いた人々』日本時報社出版局。
五日会編［1926］『古河市兵衛翁伝』五日会。
坂野潤治［1977］『明治・思想の実像』創文社。
坂野潤治［2007］『未完の明治維新』ちくま新書。
渋沢栄一［1997］『渋沢栄一―雨夜譚／渋沢栄一自叙伝〔抄〕』日本図書センター。
渋沢青淵記念財団竜門社編［1960］『渋沢栄一伝記資料』(全58巻) 渋沢栄一伝記資料刊行会，(別巻10巻) 渋沢青淵記念財団竜門社。
島田昌和［2006］「経済立国日本の経済学―渋沢栄一とアジア」杉山伸也編『岩波講座「帝国」日本の学知〈第2巻〉「帝国」の経済学』岩波書店。
島田昌和［2007］『渋沢栄一の企業者活動の研究戦前期企業システムの創出と出資者経営者の役割』日本経済評論社。
島田昌和［2011］『渋沢栄一―社会企業家の先駆者』岩波書店。
第一銀行八十年史編纂室［1957］『第一銀行史（上）』。
高嶋雅明［1978］『朝鮮における植民地金融史の研究』大原新生社。
高村直助［1971］『日本紡績業序説（上）』塙書房。
朝鮮銀行史研究会編［1987］『朝鮮銀行史』東洋経済新報社。
東洋紡績株式会社社史編纂室［1986］『百年史東洋紡（上)』東洋紡株式会社。

波形昭一［1985］『日本植民地金融政策史の研究』早稲田大学出版部。
西野入愛一［1937］『浅野・渋沢・大川・古河コンツェルン全書』春秋社。
日本経営史研究所編［1991］『創業100年史』古河電気工業株式会社。
橋谷弘［1993］「釜山・仁川の形成」『岩波講座　近代日本と植民地3』岩波書店。
初田亨［1994］『東京都市の明治』筑摩書房。
藤森照信［1989］『建築探偵の冒険』筑摩書房。
マーク・ピーティー［1996］『植民地─帝国50年の興亡』読売新聞社。
三井銀行八十年史編纂委員会編［1957］『三井銀行八十年史』三井銀行。
三井文庫編［1980］『三井事業史』本編第2巻，三井文庫。
宮本又次［1970］『小野組の研究─前期的資本の興亡過程』第3巻，大原新生社。
宮本又郎［1999］『日本の近代　11　企業家たちの挑戦』中央公論新社。
村上勝彦［1975］「第一銀行朝鮮支店と植民地金融」(大石嘉一郎編『日本産業革命の研究』下巻，東京大学出版会)。
森山茂徳［1987］『近代日韓関係史』東京大学出版会。

第2章

金融財閥の誕生
―安田善次郎とその事業―

迎　由理男

■ はじめに

　本章では安田善次郎を取り上げる。後に見るように，安田善次郎はまさに一代で金融業を軸とする安田財閥を築き上げた。彼は幕末期に生涯の事業となった金融業を，25両（円）を元手に開業し，明治期の半ばには安田銀行・第三銀行を軸に日本最大の金融グループを構築していた。いったい，彼はどのようにして急速に事業を成長させていったのであろうか。本章では彼がどのように大銀行家になっていったのかを彼の事業の展開に即して検討してゆくことにしよう。

　安田善次郎については，すでに決定版ともいうべき伝記，評伝が出版されている。ひとつは矢野竜渓の手になる『安田善次郎伝』（安田保善社，1925年）である。同書は安田家より依頼されて執筆されたものであり，安田家の全面的協力を得て，善次郎の日記，縁故者へのインタビューなど豊富な資料に基づいて上梓されたものである。作者の矢野自身が善次郎の友人であったこともあり，善次郎の足跡と人となりが情理を尽くして描かれている。もうひとつは由井常彦『安田善次郎』（ミネルヴァ書房，2010年）である。長年安田財閥の研究に携わってきた執筆者の手になるものだけに，丹念な資料収集とその分析の上に，善次郎の生涯が過不足なく描かれている。

　また，安田善次郎の事業については，由井常彦や浅井良夫のすぐれた研究が

ある[1]。由井は草創期の安田商店の蓄積過程を原資料に基づいて解明する一方で，安田財閥の非金融事業の展開とその限界を明らかにしている。浅井は明治期の安田銀行や安田保善社を分析して，安田財閥の成立過程を明確にするとともに，総合財閥系銀行と異なった市場行動をとった安田銀行の特質を明らかにしてきた。

この小稿では多くの点でこれらの先行研究に依拠していることをあらかじめ断っておきたい。

1 独立するまでの安田善次郎

(1) 安田財閥の規模と事業

はじめに明治期の高額所得者と資産家名簿によって，安田善次郎の資産家としての地位を確認しておきたい。表2-1によると，1887（明治20）年には安田善次郎は日本有数の資産家になっているだけでなく，明治20年代から31年にかけて急速に所得を増加させていることがわかる。所得の増大に支えられて資産も増加し，1916（大正5）年には，安田家（善次郎，善三郎）は住友家と並び岩崎家（久弥，小弥太）と三井家（11家）の2億円に次いで7,000万円を有する資産家となっている[2]。

四大財閥の財閥家が資産上位を占めているわけであるが，安田財閥の事業規模と構成を確認しておくと，1937年には，傘下企業の払込資本金額では安田財閥は三井，三菱，日産，住友に次ぐ地位を占めていた[3]。安田財閥の財閥解体時の事業構成を図2-1で見ると，三大財閥に比べると，金融業の比重が高く重化学工業をほとんど傘下に持たなかったということを読み取れよう。「金融財閥」といわれるゆえんである。

(2) 安田善次郎の生い立ち

金融業者として独立するまでの安田善次郎を見ておこう[4]。彼は幕末の1838（天保9）年富山藩の足軽の子供として生まれた。明治の実業家としては，岩崎弥太郎（天保5年），大倉喜八郎（天保8年），渋沢栄一（天保11年），浅野総一郎（天保11年）などが同世代の生まれである。父の善悦はもともと半農

表 2-1 高額所得者の推移

(単位：千円)

氏　名	所　在	職業・身分など	1887年(明治20)	1895年(明治28)	1898年(明治31)
岩崎久弥*	東京	三菱財閥当主	947	1,084	1,214
三井八郎右衛門*	東京	三井財閥当主	—	529	657
前田利嗣	石川	華族	146	181	266
住友吉左衛門	大阪	住友財閥当主	77	156	221
島津忠重	鹿児島	華族	111	—	218
安田善次郎*	東京	銀行経営者	40	94	186
毛利元昭	山口	華族	173	218	**185
大倉喜八郎*	東京	実業家	35	65	143
徳川茂承	和歌山	華族	75	146	132
松平頼聰	香川	華族	57	87	126
浅野長勲	広島	華族	57	135	120
徳川義礼	愛知	華族	73	—	116
雨宮敬次郎	東京	実業家	—	68	110
松本重太郎	大阪	百三十銀行頭取	—	63	110
鍋島直大	佐賀	華族	51	90	109
細川護成	熊本	華族	98	140	105
山内豊景	高知	華族	54	75	100
渋沢栄一	東京	第一銀行頭取	97	87	93
阿部彦太郎	大阪	米穀商	—	52	90
原善三郎	横浜	生糸売込商	51	64	88

(備考) *印は一族合計値，**印は1897年。華族の所在は旧領地。職業については筆者が補充。
(出所) 石井寛治 [1991]『日本経済史第2版』，東京大学出版会により作成。

半商の生活を送っていたが，爪に火を灯すような生活の末武士の株を手に入れたといわれる。ただ，彼が手に入れた身分は無給末席であり，後に「掃除坊主」の地位を手に入れるものの，これも俸禄が年12俵であったというから，城勤めだけでは生計の維持はできず，農耕に勤しまなければならなかった。

　善次郎は数え年で8歳から12歳までの間，寺子屋に通っている。受けた教育はこの足かけ5年だけであったが，書道に優れ「少年能書家」との評がたち，寺子屋に通っている頃から手紙の代筆をしたという。善次郎は寺子屋で就学中から早朝に花売りなどやって家計を支え，寺子屋を終えると，他の軽輩藩

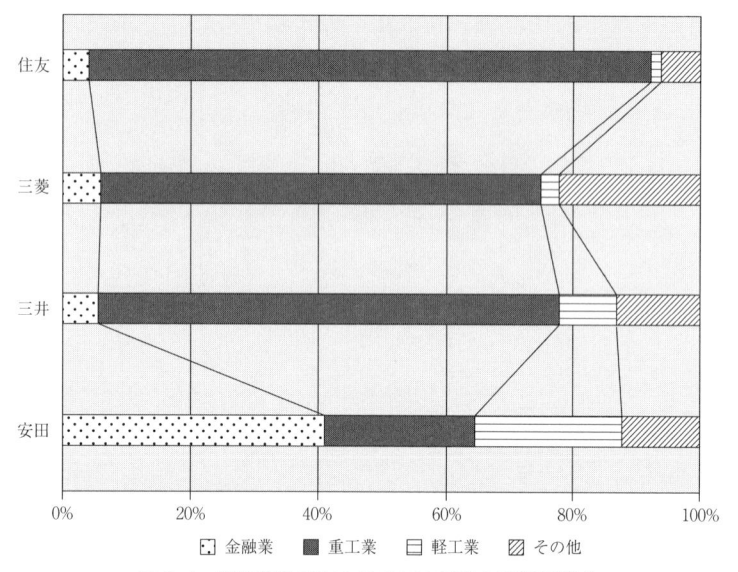

図 2-1 財閥解体時における四大財閥の事業別構成

(備考) その他には，電力，海運，陸運，土地建物，商事，貿易業を含む。
(出所) 大蔵省財政史編纂室［1982］『昭和財政史 終戦から講和まで 独占禁止』第2巻，東洋経済新報社による。

士の子弟同様，野菜の行商生活に入った。由井常彦は，この行商時代にのちの企業家的な人格形成，とりわけぬきんでた商才と行動力が養われたとしている。彼は，野菜を売り込んだのち，空荷で帰るのではなく，戻り荷にその地域の魚（あるいは漆器）を仕入れて，これを富山で売り捌いたり，得た利益の一割を父母から貰い受け，貯蓄して一定の金額に達したとき，肥料を購入して自家作りの畑に施したり，さらにまた販売が広がって自家作りの野菜だけでは不足すると，労苦をいとわずかなり遠隔の地にまで仕入れに出かけたという。こうした点に彼の商才と行動力を見ることができよう。

彼はまた，行商の傍ら達筆を利用して写本の内職に励んだという。「勤倹力行」は少年の頃から発揮されていたのである。

昼は行商，夜は写本という生活を17歳の頃まで続けた後，彼は郷里を出奔した。彼から見れば遥か雲の上の人である藩の勘定奉行が，藩の債権者である大阪商人の手代を丁重に扱うのを垣間見て，いかなる権力も金の力にはかなわ

ないことを実感し，商人を志したという。大商人になるためには，大都会でなければならない。こうして彼は江戸を目指した。

最初の出国には失敗したものの，20歳の時に江戸に出て，玩具の行商をやったのち，鰹節を商う傍ら両替を営む店で奉公生活に入った。

この奉公中，彼が得たものは少なくない。まず，彼は両替業務の専門的知識と技術（鑑別力）を習得した。後に見るように，幕末から明治初年にかけて貨幣制度は混乱し，通貨間に大きな打歩が生じることもあった。貨幣制度の混乱は専門的知識を持つ者にとっては大きな致富の機会になったのである。

もうひとつ重要なのは，この間多くの知己を得るとともに，彼らから信用を得たということである。奉公先の主人・廣田屋林三郎や取引などで知り合った矢島嘉兵衛（馬具商），奥山市三郎（際物商）は，善次郎の誠実な仕事ぶりを評価し，しばしば善次郎のために手助けを行っている[5]。

6年の奉公生活などの後，27歳で独立した。海苔・鰹節を扱うとともに両替商を営む店・安田屋を開いたのである。この時の資本金は25両であった。

2 維新変革と安田善次郎

(1) 幕末期の両替業務

両替商　独立して以降，安田商店（1866年に安田家から改称）は着実に発展し，明治初年には善次郎は金融業者としての礎を固め，明治10年代前半には有力銀行家のひとりとなっている。この成長過程で，油店を開業したり，朝鮮人参製造販売業や不動産投資を行ったりしているが，ここでは，彼がどのように金融事業を拡大していったかに絞って検討したい。

安田商店の成長を同商店の資産・利益の推移を示した図2-2から確認しておくと，次のことが読み取れよう。第一に，幕末期は全体として着実に成長していること，第二に，明治期には，1870年代前半（明治4〜7年）はやや停滞しているが，ふたつの時期に安田商店が大きく発展していること，である。ふたつの時期とは，ひとつは1870年（明治3年）であり，もうひとつは1875（明治8年）年以降である。1870年は太政官札の取扱い，1875年以降は公債運用と官金預金の増大（資金運用量の増大）と関わっているのであるが，これらの

(単位：千両，千円)

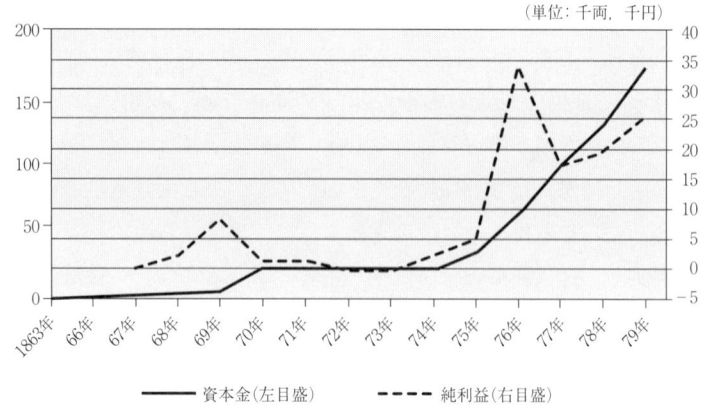

図2-2 安田商店の資産純益（利得）の推移
（出所）安田商店「第一期資本純益表」による。

点は後に見ることとして，着実に成長した幕末の彼の事業から見てゆこう。

彼の事業は両替商であった。両替商の業務には，両替業務，預金・貸出業務，手形発行業務，為替業務などがあり，このうち最も基本的な業務は両替業務である。両替とは手数料を取って，金銀銭の相互交換をすることである。

江戸時代の貨幣制度は金貨（小判，一分判，二朱判など），銀貨（丁銀，小玉銀，一分銀，一朱銀など），さらには銭貨（一文銭，四文銭，百文銭など）の三貨が無制限の流通を認められる三貨制度がとられていた。さらに，金貨や，銀貨，銭貨それぞれの通貨も発行年代によって通貨価値は大きく異なっていた。例えば金貨では，同じく1両とは言いながら，万延小判の金含有量は慶長小判の8分の1ほどに過ぎなかったし，銭貨では鉄銭，真鍮銭，銅銭があり，その価格が異なっていた。こうした種々の通貨が円滑に流通するためには，通貨間の交換（＝両替）が行われる必要があるが，この業務を担ったのが両替商であった。

両替商には本両替と銭両替（脇両替）とがあった。本両替は金銀両替業務に従事したほか，金銀の相場立て，大名や商人への貸出，商人などからの預金受け入れ，さらには手形発行や為替業務を行うなど多様な金融業務を展開していた。こうした本両替の多くは大阪に拠点を構えており，江戸の本両替は少なかったといわれる。幕末の時点では，安田善次郎の手記によれば，江戸の本両

替は三井, 小野, 島田, 中井など全部で9軒に過ぎなかった。これに対し, 銭両替は主として固有の両替業務に従事しており, 幕末時点で江戸には六百数十軒あったとされている。江戸に銭両替が多いのは江戸が消費都市であり, 小口の現金取引を中心とする小売商業が多かったからである。江戸の銭両替商は両替町組, 京橋組, 神田組, 四谷組など8つの組に組織され, 各組の世話方と幹事が組を取りまとめていた。

　この銭両替の中にも金銀貨をも扱う業者（三組両替）と銭の両替のみを行う業者があり, 善次郎は両替町組に所属し, 後者の銭両替として事業を開始した。そして, 2年後の28歳の時には世話方になり, さらに31歳の時には幹事に選出されている[6]。両替商の中で短期間のうちに頭角を現してきたことを窺える。さらに, 明治5年には本両替の鑑札を受けた。

　善次郎が両替商として実際に携わった業務は, (1)金貨と銭貨の両替（銭の両替）, (2)通貨の鑑定と選別, (3)古金銀の収集と売買, であった。維新期になるとこれら業務に太政官札の取扱いや公債売買が加わる。さらに, 次第に預金貸付業務を拡大する一方で, 為替業務を開始するのである。以下, 幕末から明治初期, 彼がどのようにこれら業務を展開していったのかを見てみよう。

銭の両替　銭の小売相場（一般商人などとの取引相場）は前日の両替商の取引価格によって決まった。両替商は毎夕両替商の集会所で取引を行い, その相場の平均が翌日の小売相場となったのである。集会所での業者間の売買では1両当たり2文から5文の開きがあったという。この巧拙も両替商の利益に影響した。銭の小売は1両当たり10文から20文の利益があり, 彼は日に100両ほど売って月60貫＝9両ほどの利益を得ていたらしい。本業の鰹節と海苔の販売利益を合わせ生活費を差し引くと, 月2～3両の剰余が出たという。

　銭の小売で300両も売れる店は江戸には石川次郎兵衛, 平野屋平兵衛, 小川五郎左衛門の3軒しかなかったとされ, 善次郎はほどなく毎日150両売るようになったと自著で述べている[7]。

　この銭の小売業務には撰銭の利益が加わる。前述のごとく, 一文銭や四文銭には銅銭, 鉄銭, 真鍮銭があり, 銅銭は高く売れた。彼はこの選銭が得意で, 筴を用いて行ったという。

　以上のような両替業務は維新期にも続いており, 明治6年の『記録簿』には

「両替一ヶ年取扱高百万円程，質物預り高五千円程」[8]と記録されている。両替業務は幕末期に比べると20倍近くの取扱高ではあるが，これが次に述べる金銀包高と銭小売高の合計だとすれば，幕末期からそれほど増加していないことになる[9]。

通貨の鑑定・封金　通貨は金座銀座から出されるときは金貨百両あるいは銀貨25両ごとに包まれて，封印されていた。これを「座包み」といい，この封印のままで通用した。小口で流通するときには，当然封印が解かれることになるが，通貨を百両あるいは25両にまとめるときには，また包みなおして封印された。真贋と品質を検めたうえで，包みなおすのである。包料（封金料）は1包で2匁（3銭3厘）であった[10]。

この包直しは元来本両替が行っていたが，慶応年間になるとほとんどの本両替が休業したので，銭両替の主な者も包替えを行うようになった。しかし，銭両替の封印はあまり信用されず，受け取ってもすぐその場で改められるものが多かったという。

安田善次郎も主要な銭両替の一人としてこの封金業務に携わった。彼の鑑別能力はつとに知られており，当時の奉公人であった稲尾豊次郎は「貨幣の封し印が其店々によりて信用の侭通用するのが極めて稀でありましたが安田様の包金は江戸中は申すに及ばず横浜までも通用した。それほど安田主人の金銀貨の鑑別が知れ亘って居ったのであります」[11]と述べている。

彼は同業者が次々に休業する中で開業し続け，ついには封金業務を行うのは彼一人になったという。当然，この業務は「ナカナカ儲かった。私一軒になったものですから，多い時には日に三千両も五千両も包んで居った。二十五両の包みである。若い者が六人位控へて居ましてこれを封じる」という状況で，「銭の儲けよりも多くなってきた」[12]という。この点，稲尾豊次郎も「安田では絶えず三四人の社員が終日封金のみをしていた。この封金収入だけでも多大なものであったろう。」[13]と述べている。

維新後もこの業務は増加したようで，明治3年頃にはその取扱高が一日平均32,000両内外に達していた。改賞（鑑定・封金料）が50両包当たり5銭であったから，年間で11,000両ほどの収入になる[14]。経費を差し引いたとしてもかなりの利益になったものと考えられる。以後急速に鑑定・封金業務は減少

するが，少なくともこの明治3年頃までは，安田商店に着実な収益をもたらしていたといえよう。

以上，安田商店は両替・封金業務の拡大に支えられ着実に収益を伸ばしていたが，安田商店を飛躍させたのは古金銀の売買業務であった。

古金買収と売買　次に古金銀買収と売買について見てみよう。幕府は窮迫する財政資金捻出のために通貨の改鋳を盛んに行っており，改鋳のための古金銀の収集を本両替に命じていた。しかし，多くの本両替が幕末期の混乱から店を閉じたため，有力な銭両替になっていた善次郎にも幕府御用が命じられ，1867（慶応3）年古金買収資金として3,000両の貸し渡しを受けた。この業務は彼に多額の利益をもたらした。古金銀の売買で，政府から100両につき3匁5銭の手数料を得，引き換え依頼者から1匁5分（2銭5厘）の手数料を取って「此の古金買入れで，私は三四千両も儲かった」というのである。彼は「当時の三四千両は仲々大したもので，いはゝ私は此の仕事で自分の身上の基礎を拵へた訳である」[15]と振り返っている。

もっとも，この業務で4,000両も儲かったというのは誇張であり，由井常彦によれば，この利益は500〜600両ほどであったらしい[16]。ただ，当時の彼としては600両という金額は大きな利益であったことは間違いない。

古金銀の買い付けは維新期になっても継続しており，重要な収入源であった。買い溜めた一分銀や一朱銀が5,000両ほどになると横浜の貨幣取引商に売却したのである。この取引のために，善次郎の右腕である安田忠兵衛がほぼ2，3日ごとに横浜に出かけたという。

なお，善次郎は同業の鹿島万兵衛らとともに金銀貨取引所を設立したり，横浜の貨幣取引商と密接な関係をもっていたりしたが，鹿島万兵衛によれば，弗相場はやらなかったようである[17]。

(2) 明治初期の安田商店

太政官札と安田善次郎　明治期になると以上の業務に太政官札の取扱いや公債売買が加わる。さらに，次第に預金貸付業務を拡大する一方で，為替業務を開始するのである。以下では，明治初期の彼の主要業務を見てみよう。

維新政府は勧業資金の供給と財政赤字の補てんのために，明治元年5月，太

政官札（金札）を発行した。太政官札は不換紙幣であり信用力がなかったため、発行当初正貨に対して6割余り下落する有様であった[18]。太政官札の買占めは、安田善次郎が金融業者として台頭してゆく大きな契機となったと言われてきた。矢野竜渓は当時を知る人々からの聞き取りと、明治2年から3年に資本金が3倍に増加していることを根拠に、太政官札の下落は「巨利を博すべき絶好の機会であった」と結論している。しかし、由井常彦は安田商店の「勘定〆上帳」を分析して、太政官札の下落は善次郎にとって大きな収益機会ではあったものの、投機によって巨利を博したわけではないとし、従来の説を批判している。以下、由井の分析を踏まえ、太政官札の流通に対して善次郎がどのように行動したかを見てみよう。

　政府は太政官札の流通促進のために様々な措置をとっている。正貨との交換に打歩をとった者を処罰したり、租税金納分や諸上納を太政官札で納付させたりするなどの強制的流通政策がそのひとつであるが、その政策は二転、三転している。すなわち、金札価値の維持が不可能とみるや、明治元年12月、時価流通を公認した。ところが、時価通用の公認がかえって価格体系の混乱を招くことが明確になると、翌年4月末には再び時価通用を厳禁したのである。この時価通用公認期間の2月23日頃まで正貨100両の金札相場は137両3分から150両2分程度で、37〜50％前後の打歩が生じていたが、厳禁後の5月には15〜20％の減価に縮小し[19]、やがて打歩はなくなった。

　一方で、政府は太政官札の流通を促進するために、諸藩や「農商殖産ノ業ニ志アル者」に無理利息で貸与することとした。両替商にも流通促進と引き受け依頼があり、善次郎の属する両替町組には10万両が割り当てられた。この時、多くの同業者は引き受けを避けたが、彼はすでに両替町組の世話方となっていたこともあり、2,000両引受けている。こうした多額の引受は、彼が太政官札の運用に決して消極的ではなかったことを示している。

　実際、彼はこの太政官札を積極的に取り扱った。すなわち、同業者が忌避した太政官札を担保として受け入れ、これを市価に換算して正貨を貸し出したのである。80両の太政官札を受け入れ、60両を貸し出すというわけである。また、正貨との両替にも積極的に応じた。さらに、等価通用の布告を事前に察知していたかどうかはともかく、布告以前に太政官札をかなり買い集めていたこ

とも間違いないようだ。太政官札の価値が額面に復するとともに利益は膨らみ，明治2年1月から同3年7月の間に14,500両もの利益を得た。この利益によって，新興の中堅金融業者としての地位を確固たるものにしたと言えよう。

預金貸付業務と為替業務の展開　次に預金貸付業務を見てみよう。安田屋がどのように預金貸付業務を開始したのかは定かではないが，取引先の商人から一時的な余裕金を預かる一方で，商品を担保とする貸し出しを行うようになったようだ。

安田商店時代の預り金と貸付金の推移を図2-3で見よう。預り金は1869（明治2）年には1万円を超え，着実に増加している。同年1月の資産19,600円のうち自己資金は5,200円ほどに過ぎなかったから，彼の事業はこの時点で大きく預り金に依存していたのである。事業の拡大は預り金の増大如何にかかっていたわけであるが，明治6年頃までその増加のテンポは緩やかであった。預り金が大きく伸びるのは1875（明治8）年以降である。この伸びが官金

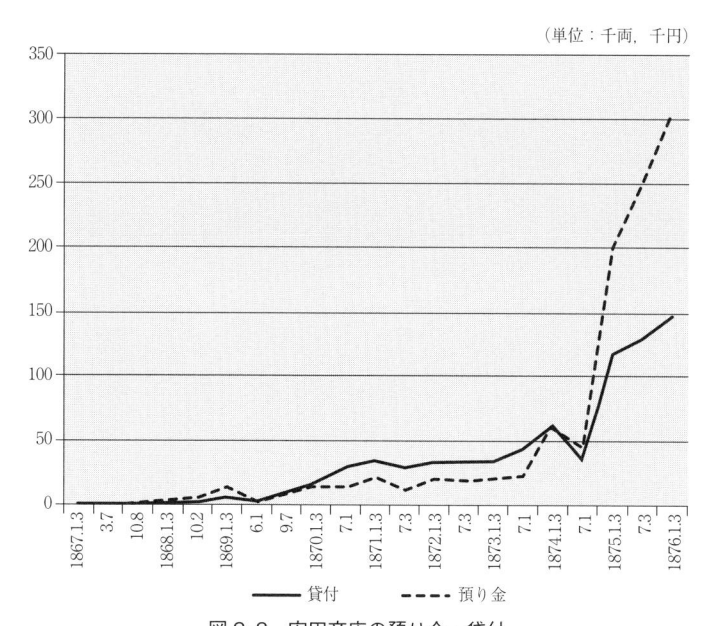

図2-3　安田商店の預り金・貸付
（出所）株式会社安田銀行六十周年記念事業委員会［1940］『安田銀行六十年誌』。

預金に負うことはすでに明らかにされている。

当時各省庁は大蔵省から定額金を受け取り、これを各省庁の為替方に無利息で預けていたから、省庁の為替方になるか否かは当時の金融業者にとって極めて重要なことであった。彼が為替方を務めることとなった司法省の定額金は明治8年には111万円もの巨額であった[20]。

ただ、努力したにもかかわらず、明治10代半ば頃までは司法省以外には東京裁判所と栃木県の為替方を務め得たに過ぎなかった[21]。明治7年末、第一国立銀行の官金取扱いは大蔵省や内務省に加え府県為替方だけで23県に及び、官金預金は273万円にものぼっていた。また、三井組（後三井銀行）は明治8年末、3府16県の為替方を務め、官金預金は447万円に達していた[22]。これに対し、明治9年の安田商店の官金預金はわずか19万円弱に過ぎなかった。それでも預り金の6割を占め、官金預金は重要な資金源泉であった。

この時期、安田商店の民間預金はまだ広がりがなく、明治9年でわずか31口、合わせて118,000円あったに過ぎなかった。しかも、借入金と目される大口の預り金がかなり多かった。小倉久兵衛（12,000円）、中井新右衛門（37,000円）、長井利右衛門（8,700円）、矢島嘉兵衛（5,000円）等交流の深い商人や同業者からの大口の預り金（実質借入金）に加え、第一国立銀行（10,000円）や川崎八右衛門（水戸藩御用達、川崎銀行主、17,000円）からまとまった資金を借り入れていた[23]。

善次郎はこの時期、次に見る公債運用を中心に積極的に資金運用を行っていたが、その資金不足を補うために、官金預金獲得に全力を傾ける一方で、知己から積極的に資金を借り入れたのであろう。「返し得ぬ借金をなすは以ての外だが、返し得る借金を手の届く限り借入れて、力一杯にこれを働かせるが商家の道である、借入金は決して忌むべきものではない」[24]というのが彼の借入金に対する考え方である。

貸付も預金の趨勢とほぼ同様で、大きく伸びて10万円を超えるのは明治8年である。明治元年から3年初めにかけては太政官札の買い入れを積極的に行っていたので、貸付は停滞したが、太政官札の価値が正貨と同様になると、明治7年頃まで貸付が預り金を上回るようになった。彼は資金運用の軸足を太政官札の買い入れから融資に置き始めたのである。矢野竜渓によれば、彼はこ

のころから一生の仕事を「金融貸借」に定めたという[25]。

　貸付がどのようなものであったかを明治9年の「勘定〆上帳」によってやや具体的にみると，この時期，安田商店の資金運用の中心は公債売買にあり，貸付は預り金の48％を占めていたに過ぎなかった。貸付口数は95口に達しており，小口貸しが多かった。貸付先の多くは旧来から取引関係のある商人であったが，栃木県為替方への大口貸（1万円）のほか，県令の鍋島幹に2,670円もの資金が貸し出されていることは同県為替方の獲得との関連で注目しておいていい。明治8年の彼の手記（『記録簿』）には，栃木県為替方の獲得のためにしばしば彼との会合，接待が記録されている。

　預金貸付業務の拡大に加えて，業務面で注目されるのは，明治8年から為替業務を開始したことであろう。江戸時代，大阪を中心として為替業務が著しく発展していたが，幕末・維新の激動によってその担い手であった本両替商は打撃を受けていた。為替業を継続していた大阪の本両替・逸見商店も東京の為替取組店を失って新たな取組店を探していたところ，小林吟次郎らの紹介を受け，善次郎を為替取組人としたのである。彼はこの大阪のほか，京都，兵庫，長崎と為替業務を行っている[26]。

　また，後述する第三国立銀行の設立と同時に，明治9年上半期の決算からこれまでの大福帳方式を改め，会計処理に貸借法を取り入れている。

公債投資　政府は財政的基礎を固めていく過程で，諸藩の債務を負担するために新旧公債を発行したのを皮切りに，士族層の解体の資金として秩禄公債，金禄公債などを発行した。発行額は巨額で，1873（明治6）年の新旧公債が2,339万円，明治7年の秩禄公債が1,656万円，明治9年の金禄公債は1億7,390万円に及んでいる[27]。

　こうした大量の公債発行は金融業者にとってふたつの重要な意味を持っていた。ひとつは，担保としての公債である。それまでの担保品は，貴金属や不動産，諸商品であったが，安全で簡便な公債の登場で貸出業務が容易になったのである。もうひとつは，投資の対象としての公債である。公債が一時に大量に発行され，窮迫した士族層の売却が相次いで，公債価格は20〜30％も下落した。金融業者にとどまらず，資産家にとっては絶好の投資対象となったのである。

善次郎は公債を「買ひも売りもしなかった。唯夫れを抵当にとって金を貸す。一方からは預かると云ふことを一生懸命に致して居りました。夫れで余程儲かった」[28]と述べているが,実際には栃木などに人を派して大量に買い付けたようである[29]。

安田商店の手持ち公債高を見ると,明治7年1月の238円から翌年1月には時価で95,400円（211,625円…額面,以下同様),明治10年1月には200,625円（301,623円）に激増している[30]。安田が東京において有数の公債保有者であったことは,明治8年の公債元金払い戻しの折,その抽選立会人として立ち会った多額保有者12名の一人であったことからも明らかである[31]。

明治8年から10年の3カ年,彼はこの公債投資によって10万円に達する利益を得[32],安田商店の資産規模は急増した（前掲図2-2参照)。

以上明らかなように,明治ゼロ年代後半ともなると,安田商店の業務は,両替業務は付随的で,預金を基礎とした資金の貸付や為替業務,有価証券運用（公債売買）などが中心となっていた。この段階で安田商店は近代的な銀行の態をなしてきていたといっていい。ただ,その預金はいまだ民間預金は少なく官金預金に依存するものであって,民間預金に依存して種々の融資業務を展開するのは今少し時を必要としたのである。

3 近代的金融機関の創生と安田善次郎

(1) 第三国立銀行の設立

銀行制度の導入　維新政府は殖産興業を図るために,様々な取り組みを行った。近代的金融機関として設置された為替会社もそのひとつである。為替会社は預金,紙幣発行,貸出,為替,古金銀売買,両替などを主たる業務とする金融機関であり,東京,横浜,新潟,京都,大阪,神戸,大津,敦賀などで,旧幕時代からの有力両替商,豪商の出資によって設立された。しかし,紙幣発行のほか,政府の貸下げ金,官金取扱いなど様々な特権を政府から得たにも関わらず,経済状況が不安定であったことや,経営者に銀行業務の知識や経験が不十分だったことなどからその多くは解散に追い込まれた。

為替会社に代わって,新たに設立された金融機関が国立銀行であった。多額

の不換紙幣が発行されたため，その価値は動揺・下落していた。政府は，紙幣整理を行うとともに殖産興業資金の供給を目的として，1872（明治5）年，国立銀行条例を制定した。国立銀行の仕組みは，(1)資本金の10分の6を不換紙幣である政府紙幣で払い込み，これと引き換えに政府から金札引換公債証書を受け取る，この公債を政府に抵当として預け入れ，同額の兌換銀行券を発行する，(2)資本金の10分の4は正貨で払い込み，兌換準備とする，というものであった。こうした国立銀行が順調に発展していけば，不換紙幣は国立銀行兌換券に置き換わり，近代的な兌換制度が確立していくはずであった。

しかし，実際に設立されたのは三井組・小野組の出資によって設立された第一国立銀行など4行に過ぎなかったし，その営業も資金不足から不振を極めた。というのは，貿易赤字が続いたうえ，世界的に銀が下落して，金銀複本位制をとっている日本から金が流出し，国立銀行の資金源泉として期待された兌換券は発行後ただちに兌換請求を受け，ほとんど発行することができなかったからであった。

こうした営業不振を打開するために，国立銀行は政府に兌換制の廃止を強く要請していた。折しも政府は秩禄処分のために膨大な公債を発行する予定であり，巨額の公債発行による価格下落が懸念された。価格の下落は公債受領者である40万の士族層を窮迫させ，社会的不安を引き起こしかねなかったからである。政府は一方で国立銀行の要求に応じるとともに，他方でこの公債を資本として活用すべく国立銀行条例を改正した。その要点は，(1)資本金の8割を公債で大蔵省に供託し，同額の不換銀行券を発行する，(2)2割を政府紙幣で保有し，銀行券の引き換え準備とする，というものであった。また，最低資本金も引き下げられ，たとえば人口10万人以上の地では，50万円以上から20万円以上とされた。公債で銀行券が発行でき，しかも金貨兌換の必要がないというこの改正によって，国立銀行は極めて有利なものになった。

第三国立銀行の設立　こうして国立銀行設立は一種のブームを呈したが，この改正に機敏に対応したのが安田善次郎であった。彼は改正条例が布告される前日に主要出資者と出願の手筈を整え，布告の翌日には国立銀行創立願を提出したのである。発起人には彼のほか，川崎八右衛門，市川好三（米穀商），鈴木要三（栃木県の薬種商）らが名を連ねていた。

事前に大蔵省の官吏から設立を慫慂されていて十分に検討の時間があったからであったとはいえ，布告の翌日に出願するという点に，新しい銀行業に対する彼の積極性が窺えよう。実際彼は，銀行簿記に習熟するために，部下とともに紙幣寮の簿記伝習所に通いさえしたのである。同年9月に設立の認可が下付されたが，東京国立銀行という名称は許可されなかったので，改めて第三国立銀行を願い出て許可された。

　資本金を20万円とし，安田（81,000円，40％）と川崎（45,000円，22.5％），市川（14,000円，7％）で全体の70％の14万円を出資した。当時の安田商店の資産額から見て，8万円という出資額は善次郎にとってはかなりの負担であったはずである。しかし，新聞広告で出資を募り，大阪まで出資の勧誘に出かけたものの，有力な出資者は現れなかったため，彼が無理をすることになったのであろう。彼に資金供給していた中井新右衛門や小倉久兵衛も出資に応じていないようだ。

　善次郎は同行頭取に就任し，銀行家としての歩みを始めたが，同行の規模は他の国立銀行と比べてどのようなものであったであろうか。資本金30万円に増資した直後の状況を，表2-2によってみると，格段に巨大な第十五国立銀行や第一国立銀行を除けば，有力地方銀行や東京・大阪の銀行の多くは資本金20万から30万円程度で第二グループを形成していることがわかる。この時点では，第三国立銀行は有力銀行のひとつとはいえ，まだ地方銀行とは規模において未分化の状態であった。ただ，1879（明治12）年に設立した安田銀行と合わせると，善次郎はまぎれもなく有力銀行家の一人となっていたといっていい。

　しかも，第三国立銀行は急速な発展を始め，次第に第二グループの銀行群から抜け出し始めるのである。まず，規模でみると明治15年には第四十四国立銀行を合併して，資本金を100万円とした。第四十四国立銀行は第十五，第一に次ぐ規模を持つ国立銀行であり，支店を函館，直江津，金沢，小田原，桑名に展開していた。とくに北海道に多額の資金を投資していたが，貸し付けが固定し，善次郎に救済を求めてきたのである[33]。以後，彼は様々な銀行を救済し傘下に収めて，全国に金融ネットワークを形成するが，その最初の合併対象が第四十四国立銀行であった。同行の救済合併の成功によって，第三国立銀行は

表 2-2　国立銀行・私立銀行資本金（明治 12 年下期）

(単位：千円)

種別	銀行名・資本金区分	本店・行数	資本金
国立銀行	第十五国立銀行	東　京	17,826
	第一国立銀行	東　京	1,500
	第四十四国立銀行	東　京	700
	第百十国立銀行	山　口	600
	第十三国立銀行	大　阪	500
	第二国立銀行	横　浜	450
	第七十四国立銀行	横　浜	400
	第百四十七国立銀行	鹿児島	400
	第三十九国立銀行	前　橋	350
	第三国立銀行	東　京	300
	第四国立銀行	新　潟	300
	第五国立銀行	東　京	300
	第二十二国立銀行	岡　山	300
	第百六国立銀行	佐　賀	300
	第百十九国立銀行	東　京	300
	30万未満20万円以上	33	―
	20万未満10万円以上	43	―
	10万円未満	58	―
	合　　計	149	40,616
私立銀行	三井銀行	東　京	2,000
	川上銀行	大　阪	500
	川越銀行	埼　玉	500
	久次米銀行	徳　島	500
	都城銀行	鹿児島	400
	川崎銀行	東　京	300
	安田銀行	東　京	200
	合　　計	25	4,830

(出所)　大蔵省銀行局「銀行局第二次報告」『日本金融史資料明治大正編』第 7 巻上，により作成。

有力銀行としての立場を確立するのである。

　業務の拡張にも積極的で，創立の翌年には大阪支店を設け，次いで横浜に進出，さらに，明治 17 年島根県に松江支店を設置している。商都大阪への進出

は顧客を拡張したであろうし、横浜は生糸金融が急速に拡大していた都市であり、新たな収益機会を提供しつつあった。松江支店の設置は島根県の為替方となったからである。そのきっかけを作ったのは栃木県知事から島根県知事に転じた藤川為親であった。藤川は栃木県の大書記官時代に善次郎が同県為替方を引き受けるにあたって尽力した人物であった[34]。

　さらに、同行は他国立銀行に先行して設立した優位を発揮し、地方国立銀行の設立を支援して、それら銀行を中心に、第一国立銀行とともに最も多くのコルレス網を築いた[35]。後年、安田銀行は「為替の安田」と呼ばれ、全国的なコルレス網の形成によって、商人層と地方銀行の取り込みに成功するが、その基礎が第三国立銀行によって早くも築かれ始めたのである。

(2) 安田銀行の設立

末期の安田商店　安田善次郎は第三国立銀行を拠点に銀行家としての歩みを始めたが、同行への出資は安田商店で蓄積された資金に基づくものであった。安田商店の安田銀行への転化の過程を見てみよう。

　安田商店が実質銀行業務を展開していたことについてはすでに触れた。明治10年代初めにもなると、安田商店の負債の中で預金が圧倒的な比重を占めていた。官金預金の比重が大きかったとはいうものの、民間預金も増大し、1879（明治12）年下期には77％が民間預金であった。

　資金運用の中心を占めるのは貸出金、公債、株式であり、なかでも貸出金が多くなっていた。公債運用は明治10年頃まで高い比重を占めたが、同年以後運用比率を下げている。次第に運用比率が高まっていったのは株式運用である。これは同商店が善次郎の資産管理を担っていたからであった。安田銀行に改組されて以降もこの株式投資は増加している。

　この時期の同商店の特徴のひとつは支店を栃木県に設けたことであろう。これは栃木県の為替方に任じられたからであり、官金取扱いのために、明治9年1月県庁内に栃木出張所（同年7月支店に昇格）を、さらに12年3月には宇都宮支店を開設した。同商店の為替業務の中心は両支店との取組が中心で、御用為替が多かったとはいうものの人民為替も、大阪との取組を上回っていた。栃木支店の預金も多く、本店の40％ほどに達していた。商店末期から安田銀

行の草創期，栃木支店は安田の発展に大きく貢献したのである。

　以上要するに，安田商店は数十万円を超える預金を資金源泉として貸出を行っており，有力国立銀行並みの「銀行」になっていたのである。

安田銀行への改組　ところで，この「銀行」という名称であるが，国立銀行条例が改正される前には，国立銀行以外この名称を使用することはできなかった。しかし，民間の金融業者の中から私立銀行の設立を請願するものが次々現れた。小野組と共同して第一国立銀行を設立していた三井組も独自の銀行の創立を求めて三井銀行の創立願を東京府知事に提出したが，大蔵省によって却下されていた。しかし，国立銀行条例改正の際，銀行も会社の一種であり，会社を認めている以上銀行という名称も認めるべきであるとされ，結局，民間金融機関も銀行という名称が認められることとなった。三井組は即座に三井銀行と改称している。

　安田商店の銀行への改組は，善次郎が第三国立銀行の設立と経営に追われていたこともあってやや遅れ，明治12年になってからであった。同年11月，善次郎は合本安田銀行設立願を東京府知事に提出し，認可されたのである。

　同行は資本金を20万円とし，安田商店から引き継いだ資本金15万円と積立金1万円に加えて，善次郎が4万円を新たに出資した。頭取には養子の安田卯之吉（後の善四郎）が就き，善次郎は監事となったが，実際には，善次郎が同行の唯一の意思決定者であったことは言うまでもない。

　前掲表2-2によって創立時の同行の資本金規模を他の私立銀行や国立銀行と比べてみると，私立銀行では三井銀行が群を抜いて巨大であり，安田銀行は第三国立銀行同様，第二グループに位置していることがわかる。ただ，同行の預金は明治13年末には67万円（うち官金預金15万円）に達しており，まぎれもなく有力銀行のひとつではあった。

正戦と奇戦　こうして善次郎は第三国立銀行と安田銀行というふたつの銀行を経営する有力銀行家となった。彼はふたつの銀行を駆使しつつ，大銀行家への道を歩み始めるのであるが，矢野竜渓は，善次郎は第三国立銀行を「正戦」に用い，安田銀行を「奇戦」に用いたと述べている。第三は大株主であっても，ほかに株主もおり，「その行務は総て開放せられ，何事も正々堂々とやるわけであるが」が，安田商店・安田銀行は「自己一人の物であるから，いかなる貸

出方法を為し，いかなることにこれを振向くるも，勝手である」[36]というわけである。

実際には，後年両行は資金運用において，共同貸付を行ったり，資金を融通し合ったりしていたが，役割分担上明確な違いもあった。それは安田銀行が善次郎の資産管理を担い，安田の持ち株会社的性格を持っていたという点である。安田銀行は保善社が持ち株会社機能を果たすようになるまで，多額の株式を保有していた。保善社が持ち株会社機能を担うようになると，同社に資金供給したのも同行であった[37]。

これに対し，第三銀行は大阪，横浜，函館など商品流通の結節点に支店を設け，後の安田銀行グループの特徴である金融ネットワークの基礎を構築する役割を果たしていた。また，安田グループの共同貸付をグループ内で総括し，対外的に安田グループを代表する場合が多かった。善次郎の資金力を見せつけた大阪築港公債の安田による引受は第三銀行が前面に立ったものであった。

ところで，明治10年代，彼が関与した銀行はこの両行だけではなかった。前述した第四十四のほか，第四十一国立銀行（栃木）に出資し，第九十八，第四十五，第七十五の各行を救済，系列化している。第九十八国立銀行（千葉）には明治14年末に行員を派遣し，16年には23％の株式を取得して系列化した。また，第四十五国立銀行（東京）は大蔵卿松方正義の仲介によって明治16年に経営を引き受けたものであり，安田銀行の勘定では，支店として取り扱われていた。第七十五国立銀行（金沢）は明治16年頃には経営が悪化し，安田がその経営を引き受けた。安田から2名の行員が派遣されていたが，結局，明治19年に善次郎が買収することとし，同行は第四十五国立銀行に吸収された。当初，最も関係の深かった第四十一国立銀行とは栃木県為替方を巡って争ったためであろうか，徐々に関係は薄くなっていったようである[38]。

(3) 日本銀行と安田善次郎

日銀理事・監事への就任　明治15年，日本銀行が設立された。日本銀行設立は松方正義によって推し進められたが，その狙いは日銀に兌換銀行券を発行させることによって，統一的，かつ近代的な通貨制度を打ち立てるとともに，低利資金を供給して，殖産興業を推進することであった。

安田善次郎はこうした役割を担う日銀の創立委員（御用掛心得）に任命された。彼のほか，吉原重俊（大蔵少輔，のち初代日銀総裁），富田鉄之助（大蔵大書記官，のち日銀副総裁），加藤済（大蔵権大書記官），三野村利助（三井銀行副長）がそのメンバーであった。そして，開業後，彼は三野村，大阪金融界を代表する外山修造（大蔵省出身，第三十二国立銀行頭取）とともに理事に就任し，割引，計算，株式の三局長を委嘱された。善次郎は日銀の中枢ポストに就いたわけである。2年後理事を辞任したが，明治22年には監事に就任し，明治30年までその地位にあったから，都合10年ほど日銀に直接関わっていたのである。

　善次郎が民間金融界を代表して日銀創立委員や理事・監事に選任された理由として二点あげることができよう。第一には，ふたつの有力銀行を経営し，いくつかの中小国立銀行の創業を援助したり，救済したりするなどすでに有力銀行経営者となっていたことである。すでに述べたように，安田・第三の両行は第一や三井に次ぐ規模になりつつあったのである。第二には，彼が国立銀行や私立銀行の状況をよく知り，銀行実務を熟知した銀行家であったことである。当時の銀行経営者の多くは，士族出身者や異業種から参入した商人であって，必ずしも銀行業務に習熟していたわけではなかった。両替商から転化した銀行においても，実務を担った経営者は少なく，多くはその使用人が実質的に運営していた[39]。すでに述べたように，彼は目利きの両替商として幕末・維新の混乱期に成長を遂げ，国立銀行設立時には自ら銀行簿記を学び，以後も常に経営の一線に立ってきた。当時，おそらく善次郎は銀行業務に最も習熟した銀行経営者の一人であったに違いない。

　要するに，彼は明治15年の時点で，金融界を代表して日銀創立委員となり，日銀理事に就任するのにふさわしい実力を身につけていたのである。

日銀重役のメリット　しかも，この日銀理事への就任は，彼の傘下金融機関が大銀行となり，彼自身が大銀行家になる上で，次のような重要な意味を持っていた。

　ひとつには，日銀から資金供給を受けやすくなったということである。日銀は「銀行の銀行」であって，しばしば救済融資を行ったし，取引銀行に対して有価証券担保金融を行い，取引銀行の「鞘どり」を可能としていたが，緊急時

には日銀との太いパイプがものを言ったに違いない。この点については次のようなエピソードが伝えられている。

1884（明治17）年末，彼が銀相場で損失を被ったとの風評が立ち，第三銀行大阪支店で取り付けが起きた。資金手当てが間に合わず，彼は日銀総裁を訪れ，2万円の至急電報為替を組んでもらったという。また，明治24年頃安田銀行の資金が逼迫して窮地に陥った折，日銀総裁に資金融通を依頼した。その時，同行は日銀が担保に取る適格担保をあまり所有していなかったため，特別融通を行ってもらったという[40]。

こうした緊急時でなくとも，善次郎は日銀から盛んに資金を借り入れた。安田銀行の考課状によれば，日銀からの借入金が明治19年下期に3万円計上されている。20年上期には26万円に増加し，以後恒常的に日銀から借用していた。矢野文雄（竜渓）は「総長（安田善次郎）のお歿りになる四五年前まで，……安田銀行及第三銀行ほど，日本銀行から金を多く借る所はなかった」[41]と述べている。

また，日銀との緊密な関係によって，適格担保の選定にあたっても影響力を発揮することができた。適格担保になるか否かはその流通性に雲泥の差が生じるが，明治32年安田は理事の三野村利助を通じて，引き受けた大阪築港公債を適格担保にすることに成功している[42]。

もうひとつは，日銀理事・監事に就任することによって，銀行家として，また財界人としての彼の社会的地位が著しく高まったという点である。明治15年以降，彼は時には銀行業者の代表として銀行行政の諮問にあずかることもあったし，逆に民間銀行業を代表して政府・日銀に要求することもあった。種々の起業にも関わるようになった。

また，それ以前にはなかった政府高官や華族との往来交際も，明治10年代後半以降頻繁に見られるようになった。例えば『安田善次郎全伝』によれば，明治19年には，三野村利助や川崎八右衛門，大倉喜八郎，益田孝等財界人との交際のほか，大蔵大臣松方正義，毛利元徳侯爵，大木喬任元老院議長，元加賀藩主前田侯爵らとの私的な往来が記録されている。

こうした財界人としての活動とともに安田・第三の信用力も増大していったことは間違いないであろう。

4 多角化とその限界—銀行王への道

　日銀重役への就任は，長い目で見れば，彼の発展のきっかけとなったが，日銀による通貨の統一によって，第三国立銀行は国立銀行券という有力な資金源泉を失うことになった。また，「政府の銀行」として日銀が国庫金を取り扱うことになり，代理店として官金取扱いは継続する場合が多かったものの，そのうまみは徐々に奪われはじめた。折しも，明治10年代後半の不況を経て，鉄道業を中心に企業設立ブームが訪れていた。

　善次郎はこうした事態に新たな成長戦略を打ち出した。それは第一に，地方金融を展開しつつ，地方銀行との連携を強めること，第二に，企業勃興に対応した産業金融を積極化すること，第三に，多角化を推し進めること，であった。

地方金融の展開　まず，地方金融の展開についてみると，安田銀行では，支店網を栃木から福島，さらには仙台，盛岡，秋田など東北一帯に拡張し，官金取扱いを中心とした支店業務を改め，製糸や織物や米穀金融など地域産業への融資を展開した。この点を福島支店についてやや具体的にみると，同支店では製糸金融が積極的に展開され，同支店を中心とする福島県内店舗の割引高は本店のそれを超えていたし，荷為替取組高（その多くが生糸荷為替）では安田銀行全体の87％を占めた。こうした同行福島県内店舗の資金供給は明治32年では割引高で福島県全体の40％，荷為替取組では38％を占めていた。安田銀行支店は福島県最大の金融機関として機能していたのである[43]。

　こうして，地方支店の運用比率は高まり，明治20年の8％から27年には資金の26％，32年には38％を支店で運用するようになったのである。利益でみても明治20年には全収益わずか6％を占めるに過ぎなかった支店利益は27年には15％，32年には30％に達した。

　第三国立銀行でも，大阪，横浜，松江，函館に続いて，日清戦後に鳥取，米子，境に支店網を展開している。とくに，横浜支店では製糸金融に積極的にかかわった。ただ同行の地方支店運用比率は全体としては低く，為替業務を別にすれば，資金の運用は本店を中心になされた。

産業金融　明治20年代,起業ブームの到来とともに,善次郎は有力銀行家として様々な企業の設立に関わり,安田・第三の両行はこれら企業への資金供給を行った。彼が関わった主要企業を挙げると,水戸鉄道,甲武鉄道,両毛鉄道,京浜電気鉄道などの鉄道会社,電力(東京電燈),浦賀ドック,函館ドックなどの造船業,紡績会社,製麻会社(下野製麻),埋築(門司築港),土木会社,銀行などであり,銀行を除けばとりわけ鉄道業への投融資が多くを占めた[44]。

　善次郎はどのような観点から投資対象を選択したのであろうか。この点について,彼は事業の成否の要件として次の四点を挙げている。その第一は事業の性質で,公共の利益があること,第二は利益のある事業であること,第三は経済状況や競争相手の有無など投資環境が揃っていることである[45]。こうした観点からすると,彼が好んだ投資対象事業は収益性のあるインフラ事業ということになるが,実際事業分野として彼はこの時期には鉄道,電力,後に埋築,海運などに積極的に関わっている。そして第四に,彼が投資するにあたって最も重視したのが事業を担う人物である。彼は「一個の事業の成功するか失敗するかの根本原因は,一にも人物,二にも人物,其の首脳となる人物の如何に依って決することを言明して憚らぬ。」とまで述べたのである[46]。実際彼は中央の事業にせよ,地方の事業にせよ,信頼する人物を選別して彼らに大口融資を行ったり,事業をゆだねたりしている。こうした人物としてよく指摘されるのは,投機で名を馳せ「天下の雨敬」と言われた雨宮敬次郎や浅野総一郎(浅野財閥の創始者)である。浅野との関係が深まるのは日露戦後以降であるが,雨宮とはこの時期とりわけ関係が深かった。安田の鉄道事業への巨額の投融資はほとんど雨宮が中心となった事業である。また,第三銀行からの雨宮への融資は安田銀行以上に巨額で,明治31年頃の同行からの雨宮への融資高は765,000円に達していた[47]。雨宮以外に彼が融資した事業家は中央では大倉財閥の大倉喜八郎,「たばこ王」岩谷松平,土木請負業者の鹿島岩蔵(鹿島建設創始者),森清右衛門(有馬組)らであった。鹿島や森への融資は善次郎や雨宮が関わった甲武鉄道の建設を彼らが請け負っていたからであろう。

銀行網の展開　この時期安田銀行の貸出が最も多かったのは地方銀行への貸出であった。盆・暮の決済資金需要期,製糸資金や米穀資金の逼迫期,安田は本

支店で地方銀行に融資した。地方では金融緩慢期には地方銀行から預金を受け入れ，逼迫期には資金供給をして地域の資金需給を調節する「中央銀行的な役割」を担っていたのである。そして，安田が日銀依存を脱しきれなかったのは，実はこうした逼迫期の資金需要に応じるためであった。

不況期になると，地方銀行と密接な関わりを持つ安田に救済依頼が殺到するのは当然の成り行きであった。明治20～30年代，実に多くの地方銀行経営者が安田の門をくぐっている。善次郎はそれら銀行を選別し，次々と傘下に収めていった。第七十八（中津，明治20年），第百三（岩国，明治24年），第八十二（鳥取，明治25年），第九（熊本，明治34年），第二十二（岡山，同年），京都（京都，明治35年），十七（福岡，明治36年）がそれである。

こうした善次郎の「銀行救済」に対しては，弱みに付け込んで安価に事業を拡張するものだとのやっかみや批判が付きまとった。この点について彼は次のように反論している。

「瀕死となった銀行を救済するの危険を敢てする者に誰が居るのだらうか。私を措いて他には誰も居ないのである。此場合私が若し座視傍観して居たのであった時には，その結果は如何であったらうか。財界の被る損害も決して勘少ではないのである。又預金者の如き損耗するは勿論，地方産業の盛衰に及ぼす影響も亦大したものである。……成程私は今日二十有余の銀行を救済して多少の利益を得て居るものだ。されどそは私が望んで得たものではない。整理して，その功を奏したればこそ得られるものである。即ち救済整理の結果自然に私に帰属したものである。思ふに何種の行為を問はず，危険の業は，成功すると多くの利益を得ると同時に，失敗する時は多大の損害を得るを常とするものである。……私が銀行の救済に成功して，多少なりとも利益を得たと云ふのは寧ろ当然のことではなかろうか。」[48]

善次郎は，地方銀行を救済し，傘下に収めただけではなく，地方の商工業者とともに地方銀行も新たに設立した。日本商業（神戸，明治28年），明治商業（東京，明治29年），金城貯蓄（金沢，明治29年），群馬商業（伊勢崎，明治33年），根室（根室，明治31年），信濃金融（松本，明治33年）の各行がそれである。これら銀行はいずれも安田側が頭取や支配人を送り経営の主導権を握っていた[49]。

こうして，明治30年代半ばに，安田の全国的な金融ネットワークが形成されたのである。表2-3に示したように，明治36年時点で安田系銀行の預金額は三井や第一をはるかに上回っており，安田系銀行グループは日本最大の銀行グループとなっていた。

三井銀行や三菱銀行がいわゆる「機関銀行」として財閥内の大企業への資金供給を中心としていたのに対して，安田は片足を中央に置きつつも，もう一方の足を地方金融においていた。安田は地方金融への深い関わりによって三井や三菱とは異なった収益モデルを持つ銀行となったのである。

多角化とその限界 この工業化の時期，安田は他企業に投融資するだけでなく，保険業に進出したほか，製麻業（下野製麻，のち帝国製麻），

表2-3 明治36年末の安田系銀行
（単位：千円）

銀行名	本店所在地	払込資本金	預金	支店数
安　田	東京	2,000	15,308	14
第　三	〃	2,400	16,890	10
明治商業	〃	1,520	2,762	2
日本商業	神戸	800	4,387	6
金城貯蓄	金沢	25	261	1
根　室	根室	200	530	5
群馬商業	伊勢崎	250	298	1
二十二	岡山	660	1,674	3
京　都	京都	250	326	0
十　七	福岡	1,250	1,001	6
第　九	熊本	200	614	5
肥　後	東京	1,000	1,252	1
第九十八	千葉	240	197	1
合計	—	10,795	45,500	55
参考				
三井銀行	東京	5,000	37,729	15
第一銀行	東京	5,000	28,210	13

（出所）由井常彦『安田財閥』，『第一銀行史』上巻，『三井銀行八十年史』，大蔵省理財局『銀行総覧』により作成。

紡績業（西成紡績），造船・機械業（天満鉄工所，鳥羽鉄工所），製釘業（深川製釘所），鉄道業（京浜電鉄ほか）不動産業（東京建物），倉庫業（安田倉庫）など非金融事業に進出して，事業の多角化を図っている[50]。

保険業には，火災・海上・生命の三分野へほぼ同時期に参入した。すなわち，明治26年，日本最初の火災保険会社である東京火災保険を安田の傘下に組み入れ，さらに帝国海上保険を設立した。さらに翌年，共済生命保険が成立した[51]。これら保険事業は，経営者に有能な人材を得たことや安田系列銀行と連携することによって順調に発展した[52]。

しかし，安田傘下の製造業の多くは，製麻業を除けば，経営的にはうまくゆ

かず，日露戦争後には縮小，整理している。

　安田の製造事業が成功しなかったのは，経営する企業がそれぞれの事業分野で適正規模に達していない小企業であったこともあるが，専任スタッフの不足，とりわけ技術者の不足と軽視にあった。傘下事業会社の管理者層の多くは銀行の職員の兼任であったし，例えば技術者であった山口武彦は製釘業の縮小とともに，安田が関わっていた北海道鉄道に移され，のち退職した。彼は退職後，山武商会，日本精工などを起業することになる。

　善次郎は近代的な学識経験者よりも実務訓練を重視し，彼に絶対的に服従する人材を求めた。この点を彼は次のように述べている。

　「私は三井や三菱の如く『所謂人材』と云ふものを集むることには強て努めなかったのである。……私は元来自分で計画し，自分で実行することを主義として居る者だ。則ち自分から司令官となり，且つ参謀長になるのであるから，トンと幕僚の必要を感じたことがなかった。とはいへ何事を成すにも唯一人では仕事が出来るものではないのである。相当に部下を要するのは勿論であるが，其等の人は皆私の命ずることには，絶対に服従して私の意志を確実に行ふものたるに限るのである。一言にて申せば，全く己を殺して私の手足となり，而して私の為めに働くものでなければならぬ。」[53]

　卓越した専門経営者が安田財閥に出なかったことが，彼の人材観からよく理解できよう。安田は結局，「金融財閥」への道を歩まざるを得なかったのである。

おわりに

　以上，安田善次郎がどのように銀行家として成長してきたのかを見てきた。

　彼は銭両替や封金業務によって着実な利益を得る一方で，古金銀売買や太政官札の買い入れ，公債投資など，幕末維新期の財政金融制度の変動を巧みに利用して通常の両替業務をはるかに上回る大きな利益を得て急成長し，これを基礎に銀行業に転化した。古金売買や太政官札買い入れ，公債投資などで大きな利益を得ることができたのは，彼の手腕を別とすれば，自己資金を上回る資金を調達しえたことが大きい。彼は幕府や政府から資金を得，さらには預金の吸

収に積極的であったし，借り得る限りの資金を借り入れて運用した。両替商の時代から預金に依存して融資を行う銀行業の旨みを彼は誰よりもよく知っていたのである。

実務に習熟していた善次郎は第三国立銀行，安田銀行を成長させて，銀行家としても頭角を現し，日銀重役に就任したが，日銀重役就任は彼の社会的信用を高めると同時に，資金調達や金融政策への関与など有形無形の利益をもたらした。

企業勃興期になると，中央で自ら発起に関わった企業中心に産業金融を展開する一方で，地方金融と深い関わりを持った。さらに，地方銀行を救済あるいは設立して全国的金融網を築いた。こうして，安田は三井銀行や三菱銀行とは異なり，地方産業を蓄積基盤のひとつとする独特の大銀行としての地位を確立するのである。

最後に，事業を成長させた彼の資質と限界ならびに彼の政商性について触れておこう。

彼が幕末維新の動乱期に着実に両替業務で利益を得，古金銀売買や太政官札買い入れ，公債投資で機敏に収益を上げたのは何よりも彼の商人としてのすぐれた資質にあった。

そのひとつは，しばしば触れてきたように両替業においても，銀行業においても実務に習熟していたという点である。彼が金銀銭の抜群の鑑定力を持っていたことはよく知られていたし，銀行簿記も自ら紙幣寮に通って習得した。さらに，彼は全国を回って安田・第三の支店や関係銀行の帳簿を検査している。彼は支店の状況まで熟知していたのである。

井上準之助（大蔵大臣・日銀総裁）は善次郎の能力について，次のように述べている。「（安田翁は）所謂財政とか金融とか云ふ，要するに金に関係した事の知識は非常に発達して居った人であります。恐らく生来そうであったらふ。余程修養した結果でありましょ（ママ）が，生れながらにして其の点に就ては優れた人である。……あれ程金といふ物の本当の性質を能く知って居った人はいない。」[54]

第二には，彼が大胆な行動力と慎重さ，細心さを併せ持っていたという点である。大胆な行動力は，幕末の動乱期，危険を顧みず開業し続けたことや第三

国立銀行出願の素早さ，巨額の公債投資や大阪築港公債引き受け，あるいは地方銀行の救済など様々な局面で発揮された。彼の大胆さは慎重な調査に裏付けられたものであった。「人知人力の及ぶ限りは十分に調査し慎重に慎重を重ぬるのは当然である」[55]と彼は述べている。小倉慎之介（安田銀行社員）も，「（安田翁は）凡て企業当初の調査は頗る綿密を要するので，其調査に疎漏があれば決して企業に就いて可否の答をせぬ。のみならず調査報告を得てから最後にはご自分で当地臨検の後に初めて可否を決定するのが例である」[56]と語っている。実際彼は手掛ける案件はすべて自分でその目で確かめている。そして彼は「大丈夫だと見込みが附き，且つ順序正しき筋道が立った後には，全力を挙げて，その成さんと欲したことを飽迄やり通すのである。」[57]

こうした細心さに裏付けられた大胆さや行動力と抜群の実務能力とが相まって，彼をして銀行王の地位に押し上げたのであろう。

ただ，彼の実務能力や専門的知識は長年の経験と努力によって築かれたものであった。そうであるだけに体系な専門的知識に裏付けられた人材を軽視しがちであった。こうした彼の限界が技術力を必要とする近代的製造業経営の失敗に集中的に現れたし，安田内部から卓越した専門経営者が生み出されない要因となった。彼の死後，安田は外部から経営者として結城豊太郎を招くことになるのである。

安田善次郎は代表的政商（政府との特権的結びつきを基礎に活動する商人）の一人とされている。彼の政商性について触れておこう。彼は古金銀買収や太政官札の流通促進の際，幕府や政府から資金を貸与されているし，世話方として太政官札の等価通用令発布の情報をいち早く入手している。しかし，古金買収は本両替商が閉店してしまったために彼に依頼が来たものであり，御用商人としてその特権を得たわけではなかったし，太政官札の無利息貸与は希望する商工業者になされており，彼だけに与えられた特権ではなかった。

彼に政商的活動があったとすれば，官金取扱いの獲得を巡ってであろう。しかし，明治13年頃までの善次郎は政府高官とのパイプはほとんどなく，司法省為替方や栃木県為替方の地位は涙ぐましい努力の末獲得したものであったといっていい。実務を担当する官吏に知己を得，さらに彼らから大書記官を，そして大書記官を介して知事と懇意になるといった具合に，細い糸を一つひとつ

手繰り寄せて手に入れたものであった[58]。

　有力財界人となって以降も，松方正義を除けば政府高官との個人的付き合いは少なく，むしろ距離を置いていたようである。一時期官金を利用しつつ成長し日銀をフルに活用したことは事実であり，その政商性は否定できないとしても，彼の政商的性格は希薄だったように思われる。

〈注〉

1）由井常彦［1975］「安田商店の経営と資本蓄積」経営史学会『経営史学』第20巻第1号，4月，同「明治期における安田財閥の多角化」土屋守章・森川英正［1981］『企業者活動の史的研究』日本経済新聞社，由井常彦編［1986］『安田財閥』，浅井良夫［1975］「戦前期日本における都市銀行と地方金融―安田銀行支店網とその系列銀行に関する分析―」『金融経済』154号，10月，同［1976］「地方金融市場の展開と都市銀行―岐阜県下大垣共立・十六両行を中心として―」『地方金融史研究』7号，3月，同［1980］「安田財閥と地方銀行―群馬商業銀行・明治商業銀行を中心に―」朝倉孝吉『両大戦間における金融構造』お茶の水書房，同［1984］「安田金融財閥の形成―保善社を中心とする株式所有構造について―」成城大学『経済研究』84号，3月。

2）時事新報［1916］「全国五十万円以上資産家表」（渋谷隆一編［1985］『大正昭和日本全国資産家地主資料集成Ⅰ』柏書房，による）。

3）財閥傘下企業の払込資本金は，三井613百万円，三菱574百万円，日産393百万円，住友255百万円，安田255百万円であった（岡崎哲二［1999］『持株会社の歴史』ちくま新書，23頁）。

4）安田善次郎は幼名を岩次郎といい，のち忠兵衛と名を変え，両替商の安田屋開業時に善次郎と改名した。本稿では，便宜上，善次郎を名乗る以前についても善次郎と記している。

5）例えば，廣田林三郎から海苔と鰹節を売上払いで仕入れることができた（安田善次郎［1916］『意志の力』実業之日本社，56頁）し，矢島らからは資金の供給を受けた。

6）安田善次郎［1911］『富之礎』昭文堂，128頁。

7）前掲『富之礎』133頁。

8）安田善次郎［1873］『記録簿』2月10日。

9）前掲『安田財閥』40頁。両替手数料1両（円）＝20文で計算すると，その収入はおよそ5,000円ほどになる。

10）前掲『富之礎』138頁。

11）安田善次郎伝記編纂所編『安田善次郎伝記史料』第2巻，私家版，3～4頁。

12）前掲『富之礎』140頁。

13) 前掲『安田善次郎伝記史料』第2巻，4頁。
14) 安田善次郎伝記編纂所編［1927］『安田善次郎全伝』94頁。
15) 前掲『意志の力』68頁。
16) 前掲『安田財閥』34頁。
17) 「鹿島万兵衛談」前掲『安田善次郎伝記史料』第1巻，35頁。
18) 大蔵省編［1890］「紙幣整理始末」日本銀行調査局［1957］『日本金融史資料明治大正編』第16巻，6頁。
19) 岡田俊平編［1964］『明治初期の財政金融政策』清明会叢書，95～96頁，141～142頁。なお，前掲『富之礎』は，4月には60％を超える打ち歩が生じたと記している。
20) 安田銀行六十周年記念事業委員会［1940］『安田銀行六十年誌』25頁。
21) しかし，銀行家としての彼の名声が高まった明治10年代半ば以降，官金預金の獲得に全力を挙げた成果が実り，農商務省と富山県の為替方さらには栃木県や福島県福島地区の為替方に指定されている。
22) 以上は第一銀行八十年史編纂室［1957］『第一銀行史』上巻，237頁，巻末付表，三井銀行八十年史編纂委員会［1957］『三井銀行八十年史』75，87頁，による。
23) 安田商店「明治九年上期勘定〆上帳」による。
24) 矢野竜渓［1979］『安田善次郎伝』中央公論社，113頁。
25) 前掲『安田善次郎伝』111頁。もっとも，この貸し付けの中には，善次郎の新規事業である油店への出資金（明治4年1月時点で2,071両）が含まれていて，彼はこの油店事業にかなり力を割いていたから，この時点で必ずしも金融業を一生の事業と定めていたわけではない。
26) 前掲『安田善次郎全伝』157頁。
27) 明治財政史編纂会［1905］『明治財政史』丸善，10頁。
28) 前掲『富之礎』149頁。
29) 前掲「安田商店の経営と資本蓄積」21頁。
30) 前掲『安田銀行六十年誌』31頁。
31) 前掲『記録簿』第2号，8月24日。この時，「最持高者全国総代人」として立ち会いを申し付けられたのは，彼のほか，第一国立銀行，三井組（三野村利助），渋沢栄一，斉藤専蔵，田中平八，西村七右衛門，伊藤八兵衛，大倉喜八郎等であった。
32) 前掲「安田商店の経営と資本蓄積」23頁。
33) 前掲「勘定〆上帳」によれば，明治12年に同行に対する2万円の大口貸付が計上されており，こうした融資関係から救済依頼が善次郎になされたものと考えられる。
34) 鼈宮谷利治『安田保善社史稿本』587頁。
35) 同行が設立を支援した国立銀行として，第十四，第十七，第二十八，第四十一，第百，第百三，第百十二などの国立銀行がある（「安田保善社とその関係事業史」編纂委員会［1974］『安田保善社とその関係事業史』48～50頁。

36) 前掲『安田善次郎伝』133頁。
37) 保善社は明治20年に設立されるが，浅井良夫によると保善社が持株機能を果たすようになるのは，明治30年代であった（前掲『安田財閥』100～122頁）。
38) 以上は，『安田善次郎全伝』，『安田保善社史稿本』，『明治十八年実際考課状』，安田善次郎『手控』第3号，7月30日，による。第四十一とのトラブルでは，善次郎は同行側から「利己主義者」との非難を浴びている。
39) 石井寛治［2007］『経済発展と両替商金融』有斐閣，274頁。
40) 前掲『安田善次郎全伝』第2巻，421～422頁，前掲『安田財閥』135頁。
41) 矢野文雄［1924］「追遠会に於て感話」『安田同人会』第1号，10月，23頁。
42) 迎由理男［2010］「明治期における安田銀行のビジネスモデル」粕谷誠・伊藤正直・齋藤憲『金融ビジネスモデルの変遷』日本経済評論社，68頁。
43) 迎由理男［2010］「明治中期における安田銀行の資金運用―安田銀行『稟議簿』の分析を中心に」北九州市立大学『商経論集』第45巻第1・2・3・4合併号，3月14頁。
44) 前掲『安田財閥』179～205頁。
45) 前掲『意志の力』138～139頁。
46) 『同書』137頁。
47) 前掲「明治中期における安田銀行の資金運用―安田銀行『稟議簿』の分析を中心に」21頁。
48) 前掲『富之礎』299～300頁。
49) 以上については，前掲『安田財閥』157～165頁を参照。
50) 非金融事業の展開とその限界については，前掲『安田財閥』180～255頁，に詳しい。
51) 共済生命保険は明治13年に善次郎を中心に設立された共済五百名社を改組したものである。共済五百名社は我が国生命保険事業の先駆といわれるが，頼母子講の仕組みを取り入れた過渡的なものであった（前掲『安田財閥』142頁）。
52) 共済生命では，第一生命の創始者となる矢野恒太を幹部社員として迎えていたし，損保2社には，善次郎のアドバイザーであった武井守正（農商務省会計局長　島根県・石川県知事，枢密院顧問官）が社長として敏腕を振るった。もともと保険業への進出は武井の示唆によるものであった（前掲『安田善次郎伝』178～179頁）。
53) 前掲『富之礎』245～246頁。
54) 井上準之助［1924］「発会式に於て随時講演」安田保善社『安田同人会』第1号，10月，17～18頁。
55) 前掲『富之礎』470頁。
56) 「小倉慎之介氏談」『安田善次郎伝記史料』第2巻，1923年6月，69頁）。
57) 前掲『富之礎』76頁。
58) 例えば，栃木県為替方の場合には，内務官僚の小林年成と知り合い，彼を通じて栃木県の藤川為親大書記官と知己になり，大書記官に知事を紹介されたのである。

参考文献

浅井良夫［1975］「戦前期日本における都市銀行と地方金融―安田銀行支店網とその系列銀行に関する分析―」『金融経済』154 号，10 月。

浅井良夫［1976］「地方金融市場の展開と都市銀行―岐阜県下大垣共立・十六両行を中心として―」『地方金融史研究』7 号，3 月。

浅井良夫［1980］「安田財閥と地方銀行―群馬商業銀行・明治商業銀行を中心に―」朝倉孝吉『両大戦間における金融構造』お茶の水書房。

浅井良夫［1984］「安田金融財閥の形成―保善社を中心とする株式所有構造について―」成城大学『経済研究』84 号，3 月。

石井寛治［1991］『日本経済史［第 2 版］』東京大学出版会。

石井寛治［2007］『経済発展と両替商金融』有斐閣。

岡崎哲二［1999］『持株会社の歴史』ちくま新書。

織田誠夫［1953］『安田善次郎（人と事業）』経済展望社。

加藤俊彦［1950］「安田銀行と安田善次郎」東京大学社会科学研究所『社会科学研究』第 2 巻第 3 号，日本評論社。

加藤俊彦［1957］『本邦銀行史論』東京大学出版会。

富士銀行調査部百年史編さん室［1982］『富士銀行百年史』。

明治財政史編纂会［1905］『明治財政史』12 巻，丸善。

安田善次郎［1911］『富之礎』昭文堂。

安田善次郎［1916］『意志の力』実業之日本社。

『安田善次郎伝記史料』私家本，不詳（1923 年頃か）。

安田善次郎伝記編纂所編［1927］『安田善次郎全伝』私家本。

安田銀行六十周年記念事業委員会［1940］『安田銀行六十年誌』。

「安田保善社とその関係事業史」編集委員会［1974］『安田保善社とその関係事業史』。

矢野竜渓［1925］『安田善次郎伝』安田保善社（ただし本文での引用は中央公論社版，1979 年による）。

由井常彦［1975］「安田商店の経営と資本蓄積」経営史学会『経営史学』第 20 巻第 1 号，4 月。

由井常彦［1981］「明治期における安田財閥の多角化」土屋守章・森川英正『企業者活動の史的研究』日本経済新聞社。

由井常彦［1986］『安田財閥』日本経済新聞社。

由井常彦［2010］『安田善次郎　果報は練って待て』ミネルヴァ書房。

第2部
財閥と銀行業

第3章

三井財閥と銀行業
―益田孝・団琢磨―

粕谷　誠

1 明治維新期の経営危機と三野村利左衛門

　三井の事業は三井高利が1673年に江戸に呉服販売店を，ついで京都に呉服仕入店を開業したことに始まる。三井高利の事業は繁盛し，1691年までに江戸・京都・大坂の三都に呉服店と両替店を営むまでになった。三井高利は1694年に死去したが，その子供たちは三都の呉服店と両替店を分割して相続するのではなく，一体として相続することとし，1710年に呉服店と両替店に出資する本社組織である大元方を京都に設置した。三井同族各家は大元方にそれぞれ出資し，大元方が排他的に呉服店と両替店に出資し，管理することとなったのである。

　三井両替店は幕府の大坂御金蔵銀御為替御用を引き受けた。これは幕府が大坂で販売した年貢米の代金を江戸に送金する際に，預け入れから納入までの間，無利息で資金を預かれるというもので，その資金を京都や大坂で貸付に運用して金利収入を得ることができた。大坂の資金は両替商間のネットワークを通じて送金されたが，上方からの江戸への幕府諸藩の送金の資金の流れと江戸から上方への商品代金の流れを相殺しており，現金が実際に逓送されることは多くはなかった。上方では銀，江戸では金が用いられており，上方・江戸間の為替相場は，金銀相場の変動の影響も受ける複雑なものであった。幕府資金のほか，自己資金が三都で貸し出されていたが，幕府諸藩からの預かり金や町人

等からの預かり金が営業資金に占める割合は高くはなく，三井両替店は自己資金を貸付などに運用するという性格が非常に強かった。三井両替店は，他人の資金を預金として受け入れ，それを貸出等に運用するという近代的な金融仲介機関とはなっていなかったのである。幕末期にさしかかるにつれて，三井両替店の貸出内容は悪化し，不良債権の比率が上昇し，経営は苦しくなっていった[1]。

　1859年に横浜で自由貿易が開始されると，三井は江戸の呉服店の出店という形で横浜店を開設して呉服などを販売し，さらに外国方御金御用達として幕府公金を預かり，江戸に送金することとなった。しかし横浜店では冒険的な生糸商人への貸出をおこない，それが不良債権となり，巨額の損失を計上することとなった。こうした事態をうけてその他の幕府御用と貸付金を取り扱う御用所が1866年に江戸に大元方直属の組織として設置された。そして御用所を設置するために雇い入れられたのが，三野村利左衛門であった。三井家は幕府からの御用金の賦課に難渋していたが，勘定奉行小栗上野介と面識のあった三野村にその減額交渉の仲介を依頼したところ，減額に成功したことから三野村が雇用されることとなった。三野村は1821年生まれで，砂糖や油を商う紀ノ国屋を営んでいたが，事業が成功し，両替商を営むまでになっていた。小栗上野介の仲間奉公をしていたことから，小栗の知遇を得たのであった。そして44歳のときに三井家に雇われている。三井家では10代前半から丁稚として雇用され，徐々に昇進していき，30代後半になって宿持ち手代となるのが一般的で，中途採用は稀であった。しかも御用所限り通勤支配格という職位で，宿持ち手代として雇用されるという極めて異例の採用であった[2]。

　1867年に江戸幕府が崩壊し，新政府が成立すると，政府は銀目を廃止し，金貨単位に統一した。この結果銀目遣いの大坂の金融は混乱し，また政府勢力による収奪もあって倒産する両替商も多かったが[3]，三井は自己資本中心の営業をおこなっていたことと金穀出納所御用達を拝命するなど新政府の御用を引き受けることでそれを免れた。そして政府官金を預かることが三井の主要業務となり，御用所がその中心となっていき，三野村が政府との交渉に当たり，重要な役割を果たしていくこととなった。

　こうしたなかで三井は近代的な銀行の設立を目指していくこととなるが，そ

れと同時に江戸時代の三井の業務は急速に整理されていった。まず1871年に東京での業務が増加したことから，東京大元方が1871年に設立され，その2年後の1873年には京都の大元方が東京大元方の出張所とされ，本社部門が京都から東京に移された。さらに政府から三井は金融業務に専念すべしとの指導を受け，1872年には祖業である呉服業を三井家から形式上切り離し，架空の三越家をおこして，手代たちに経営を任せることとした[4]。最後に東京・京都・大阪の両替店は，1872年から73年の間にそれぞれの土地の御用所に合併されてしまった。この結果，三井家の事業は1873年には，東京大元方が各地の御用所を支配することとなり，こうした事業が三井組ととなえられるようになった。三井組は政府官金を預かるために，東京・京都・大阪以外の土地にも店舗を増設していった[5]。

　三井組は政府からの官金を預かるほか，民間の預金も受け入れていき，貸出に運用していったが，それは決して順調とはいえなかった。1875年の調査によれば，多くの店舗で不良債権が認められたからである。一例を挙げると，1875年末の東京店の貸出残高は343万円であったが，このうち確実に回収が見込める貸出額は190万円に過ぎず，70万円の貸出はその一部しか回収が見込めず，82万円の貸出は回収難が見込まれるという状態であった。各店舗のうち最大の貸出残高を持つ東京店において貸出の4分の1が回収難であったのであるから，三井組の資産状態が悪かったことは明らかである。こうした不良債権の存在は，程度の差はあれ，大阪店，横浜店，神戸店などの主要店舗に共通していた。しかもそれまで無抵当で預かることができた政府預金が1874年から抵当を必要とすることとなり，三井組は抵当を差し出す必要に迫られた。抵当は国債などに限定されたので，官金を貸出に運用していた場合は，抵当を別途調達する必要があった。政府の為替方を三井組とともに引き受けていた小野組と島田組は抵当が調達できず，破綻してしまった。ところが三井銀行は，三野村らがオリエンタル銀行（Oriental Bank Corporation）から資金を借り入れ，抵当を調達することによって，破綻の危機を回避し得た。こうして三井組は1876年に三井銀行に改組された[6]。

　三井銀行になっても，資産は三井組から引き継いだものであるから，三井銀行が多くの不良債権を抱えていたことに変わりはなかった。設立に当たって資

本金 200 万円が払い込まれたが，このうち大元方が 100 万円，三井同族が 50 万円を出資し，残りの 50 万円は従業員が出資した。大元方の 100 万円は三井銀行が大元方に融資して大元方が払い込んだものであり，要するに帳簿上の操作で，現実の払込はおこなわれていなかった。同族の 50 万円のうち 25 万円のみが当初払い込まれたが，これは三井銀行本店等の建物を同族が現物出資したことにしたものであり，やはり現実の払込がおこなわれたわけではなかった。従業員の出資は，銀行に預けてあったものを払込に振り替えたものか，三井銀行から借り入れて払い込んだもので，後者は大元方と同じ操作であった。このように改組にともなう株式の払込は，三井銀行の資産状態を改善する効果がほとんどないものであった。

　1876 年から 10 年間ほど，三井銀行は消極主義を取り，みだりに貸出を増やさず，その結果，新たな不良債権が大規模に発生することはなかった。大元方は三井銀行からの配当を三井銀行からの借用金の返済にあてた。このことは三井銀行の利益が実質上内部留保され，株式の払い込みにあてられたことを意味する。さらに同族の出資の残り 25 万円も利益を内部留保することで 1881 年に払い込まれた。従業員の借金による払い込みも配当等を通じて返済され，実質的な払い込みが進んだ。このように三井銀行は利益を内部留保することで，資産状態を改善していったのである。現在得られる三井銀行の貸借対照表のうち最も初期のものは，1880 年 6 月現在のものであるが，同期の官公預金 713 万円に対し，民間預金は 641 万円に及んでおり（合計 1,354 万円），三井銀行は官公預金とほぼ同額の民間預金を預かるようになっており，近代的な銀行としての性格を帯びつつあったといえる。その後の三井銀行の預金額は，1882 年末が 1,219 万円，1883 年 6 月が 1,173 万円，1884 年 6 月が 1,125 万円と漸減していった[7]。

2　明治中期の経営危機と中上川彦次郎

　1880 年代前半は松方正義の緊縮予算に端を発する松方デフレにより不況基調で推移したが，1886 年から景気が回復し，株式ブームが発生し，鉄道業や紡績業が発達した（企業勃興）。これにより銀行業も発展の契機をつかみ，三

井銀行も1886年にはそれまでの緊縮方針を変更し，支店に禁止していた預貸金業務を認め，民間預金吸収と確実な担保のある短期の貸出を奨励した。その結果，三井銀行の預金と貸出は1886年以降，急速に増加している（表3-1）。しかし短期間に預金が急増したため，貸出の審査が整わず，この間に増加した貸出金の多くが不良債権となった。

　1891年6月の貸出金残高は，1,379万円であったが，このうち398万円が滞貸付金で，準備金を積み立てた15万円しか回収の見込みがなかった。この滞貸付金は，三井銀行創立前後からの古い不良貸出金であったようである。このほかの1886年以降増加したと考えられる貸出金の回収の見込みは，貸付金残高707万円のうち488万円，当座貸越残高228万円のうち197万円，割引手形残高47万円のうち34万円であり，合計981万円のうち回収見込みは719万円で，27パーセントが損失と見込まれていた。このうち本店の貸出残高は1,045万円，滞貸付金を除いた残高が673万円と全体の69パーセントを占めており，回収見込みは483万円で，28パーセントが損失を見込まれており，全店とほぼ同じ比率であった。本店の大口貸出先には，三池炭礦（貸出額108万円，貸出順位1位，以下同じ），鐘淵紡績（31万円，5位），三井物産（18万円，7位），三越得右衛門（13万円，8位）といった三井関連の企業があり，これら

表3-1　三井銀行預貸金の動向

（単位：千円）

			1884	1886	1888	1890
東 京	貸	出	4,513	6,116	8,443	14,163
	預	金	4,148	3,620	7,502	11,239
大 阪	貸	出	na	892	383	199
	預	金	na	554	529	1,064
京 都	貸	出	167	78	120	355
	預	金	374	749	557	901
神 戸	貸	出	na	26	78	229
	預	金	na	489	386	878
名古屋	貸	出	25	8	42	89
	預	金	155	341	450	807

（注）貸出とは，貸付金と当座貸越の合計。
（出所）粕谷誠前掲『豪商の明治』38頁。

はおおむね良好な貸出先となっていたが，東本願寺（99万円，2位），第三十三国立銀行（75万円，3位），中村道太（47万円，4位，横浜正金銀行初代頭取），資生堂（19万円，6位，薬品），堀田瑞松（12万円，9位，堀田式錆止め塗料の発明，日本の特許第1号），田中久重（11万円，10位，機械製造）などへの貸出は不良債権となっていた。

　この時期の三井銀行の三井同族を除いた重役のトップは，西邑虎四郎であったが，西邑は三井銀行の経営を独裁しており，他の重役と相談することがあまりなかった。しかし西邑は第三十三国立銀行の経営状態が懸念されているのにもかかわらず，無担保で20万円を貸し出してしまうなど，経営判断には問題を含んでいた。三井物産の益田孝は，こうした三井銀行の現状を問題視し，政府高官の井上馨に内情を報告して，その保護を求めるなどしていた。そして三井銀行に人材が不足していることを見抜き，有能な経営者を雇い入れて重役組織を固めることを提言していた。そしてそれが実現するまでは，益田孝・三野村利助（三野村利左衛門の養子で，日本銀行理事，三井銀行出身）・渋沢栄一の3人の相談役が同意を与えない限り，職制や諸規則の変更，支店の新設・廃止，一定等級以上の行員の賞罰・登用・罷免，重要な対外的契約，無担保貸出・株式引受を三井銀行がおこなうことができない，ということとし，西邑を中心とする経営陣の独断専行を抑えにかかったのであった。そして井上馨を中心に，銀行条例を遵守し組織改正をおこなうこと，重要な支店以外は廃止すること（ただし国庫金代理店の関係や世間の評判もあるので緩急に注意する），行員は門閥年齢にかかわらず能力に応じて登用すること，債権係をふたつにわけて普通貸と貸出の回収に当たらせること，などの基本方針が定められた。西邑の独裁が批判され，合議によって経営をおこなうにしても，中心になって改革をおこなう人物が欠如していることが痛感され，こうした基本方針を確実に実行する人物として三井銀行に入行したのが中上川彦次郎であった[8]。中上川は1854年生まれで，母は福沢諭吉の姉であり，福沢の甥である。慶應義塾に学び，イギリスに遊学したあと政府の官僚となったが，明治14年の政変に際して退官し，『時事新報』の創刊とともに社長となったが，それを辞し，山陽鉄道の社長に就任していたところ，1891年の8月に三井銀行の理事に就任した。

　中上川の入行の前月の7月には三井銀行京都分店が取り付けを受けるなど，

三井銀行の経営危機はさらに深まっていた。この取り付けを受けて重役の中井三平は意見書を提出した。その意見書で中井は，取り付けを受けた最大の原因は，三井銀行の貸出金が固着していることであるとしたうえで，三井銀行の融資が西邑の専断でおこなわれていたことにその原因を求めた。そしてその対策として中井は，三井銀行が従業員も出資する無名会社（無限責任であるが持分が分割され，譲渡も可能）であることから，出資者のなかから役員を選挙し，そのなかから頭取・理事・監査役を選挙することとし，役員は連帯同一の責任を負う代わりに，権利も同一とし，頭取の専断を排除する仕組みを提案したのであった。これは三井銀行が従業員も出資する会社であることを生かし，従業員が経営に出資者として対等の資格で参加することを求めたものといえる。

　しかしこうした構想は，三井同族からすれば，従業員と出資者として対等の資格に立つことを意味するもので，受け入れがたいものであったと考えられる。井上馨に提出することが予定されながら実際には提出されなかった誓約書の草稿には，三井銀行は従業員も出資する会社ではあるが，もともとは三井同族の「私業」であったものであり，三井銀行設立時に貢献が顕著な者を出資者としたのであるから，一般の会社とは異なり，主従の旧誼があるとしている。そして現実に三井銀行の持分の大部分は三井同族が所有しているのであるから，三井銀行を経営する権利が三井同族にあるとして，重役の専断を戒めていた。三井同族や井上馨は，同族が主導権を発揮して，三井銀行を改革していくことを求めていたのであり，その担い手として中上川は招聘されたのであった。中上川は入行後半年あまり経過した1892年2月に三井銀行副長に就任し，実質的に同行の経営を切り盛りすることとなった。

　中上川は第一に不良債権の処理に取り組んだ。中上川入行前から担保の流れ込みなどはおこなわれていたが，中上川は貸出先と強硬に交渉し，担保品を処分して，多くの不良債権を処理していった。この過程で田中製造所（1891年6月の本店貸出順位10位の田中久重の工場）が流れ込み処分となり，芝浦製作所（東芝の前身のひとつ）となったことは有名である。また三井銀行設立直後から自己資本の蓄積が進んでいたことが，中上川が不良債権を消却処理する前提となっていたことには注意する必要がある。第二は店舗の閉鎖である。中上川は1892年から1894年の間に21店舗を集中的に閉鎖した。地方店舗は官公

預金の吸収と関連していたので，店舗の廃止とともに官金の取扱いも辞退していった。また残存店舗でも官金取扱いの辞退を進めていった。第三に銀行の諸規則を制定していった。とくに1898年の職務章程の改定によって，本店が本部と営業部に分けられるに至り，近代的な組織体系ができあがった。

第四に1890年頃まで三井銀行は丁稚式の人材養成システムに依存していたが，中上川は慶應義塾や帝国大学など高等教育を受けた人材を積極的に採用していった。西邑は1891年においても，銀行には学者はいらず，年少者を雇用して普通のことができるように教育すれば良いとしており，高等教育を受けた人材の必要性を全く認識していなかった。中上川によって採用された人物のなかには，朝吹英二（慶應義塾出身，中上川の妹の夫，のち三井の重役となる），藤山雷太（慶應義塾出身，のち大日本製糖社長），武藤山治（慶應義塾出身，のち鐘淵紡績社長），和田豊治（慶應義塾出身，のち富士瓦斯紡績社長）など多彩な人材が含まれていた。当初は中途採用の比率が大きかったが，学校卒業直後の人材（新卒）の雇傭もおこなわれており，また高等教育のみならず，商業学校などの中等教育修了者の採用も進められていった。中等教育修了者は，計算や出納などの業務に重点的に従事した。最後に1893年に三井銀行は，従業員の出資が三井銀行によって買い取られ，三井同族が全額出資する合名会社に改組された。当初は三井同族のうちの5名が出資していたが，1898年には三井同族11家すべてが出資するように出資構成が改められた。

中上川は「預金は借金なり」との考え方にもとづき，三井銀行の預金を積極的に増加させようとはしなかった。中上川時代の三井銀行の預金の伸びは三菱銀行，住友銀行，安田銀行，第一銀行などと比較して鈍かったといえる（図3-1）[9]。近代的な銀行は預金が主たる資金源であるから，預金の増強を図ろうとしなかったのは，奇異にも感じられる。しかし合名会社は無限責任であるから，預金を増加させて自己資本比率が低下して，倒産の可能性が高まることは，出資者である三井同族にとって，必ずしも好ましいことではない。したがって出資者の立場からは合理的な経営方針といえる。ただし三井銀行とともにのちに五大銀行といわれるようになる第一銀行，三菱銀行，住友銀行，安田銀行のうち第一銀行を除く3行は出資者が無限責任を負っており，それらと比較して三井銀行の預金の伸びが低いのは，三井同族が無限責任についてより警

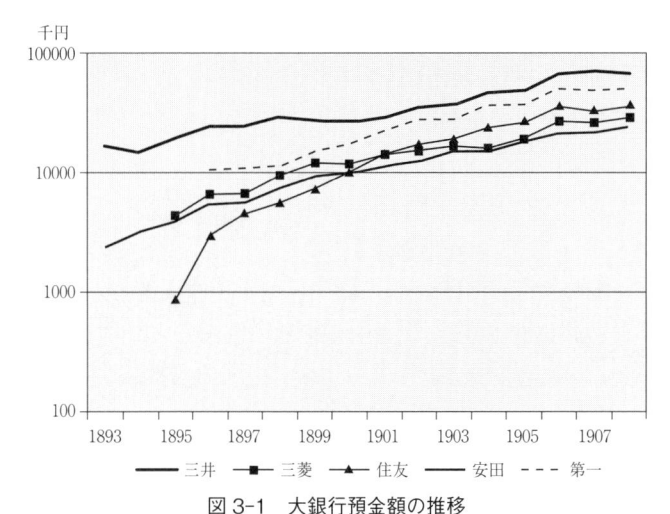

```
千円
100000




 10000




  1000




   100
      1893   1895   1897   1899   1901   1903   1905   1907
         ──── 三井  ──■── 三菱  ──▲── 住友  ──── 安田  ---- 第一
```

図3-1　大銀行預金額の推移

（出所）後藤新一［1970］『日本の金融統計』東洋経済新報社，101～115頁。

戒的であったためであるということになる。それに対して，出資者ではない経営者や支店長からみると，銀行の規模がプレスティージの源泉となることがあり，預金をあまり増加させないことは，必ずしも経営者や支店長の利害にかなったものとはいえない。中上川は三井同族の意向に沿ってこうした方針をとっていったと考えられる。

　資金の運用については，当座預金や小口当座預金，さらには半年程度という比較的短い期限の定期預金が主たる資金源泉であった当時の銀行にとっては，割引手形や短期の貸付金を中心に運用すべきである，ということになる。しかし1891年6月の三井銀行の貸出金がそうした構成をとっていなかったことはすでに紹介した。このほか三井銀行は，設立の経緯から鐘淵紡績と王子製紙の株式を大量に保有していた。さらに中上川は三井が工業に積極的に関与すべきであるとの理念から，製糸工場を設立し，芝浦製作所の拡充にも熱心であった。三井銀行は設立時から第一国立銀行の大株主であったが，その株式を渋沢栄一などの経営陣に売却する一方で，渋沢の影響力の強かった王子製紙を三井の傘下に取り込んでいった。こうした工業部門に流動資金を提供している限り，短期貸出となるが，中上川の時代には鐘淵紡績・王子製紙および製糸工場

の業績は必ずしも良好であるとはいえず，これらの貸出金のなかで次第に固着するものも増加していった。三井銀行は資金運用の点からみると商業銀行とはいえないものになっていた。

「預金は借金なり」という理念を唱えた経営者としてもう一人有名なのが，山一証券の創業者の小池国三である。小池も取り付けを恐れていたが，小池の経営する商栄銀行（のちに小池銀行となる）は債券引受とその売り捌きを主たる業務としており，預金ではなく証券を担保とした借入金によって資金を調達するという投資銀行型のビジネスモデルをとっていた。中上川の「預金は借金なり」は，このような明確なビジネスモデルを欠いており，結局は短期預金を原資として貸出をおこなうことになった点で，小池のビジネスモデルの方が優れているともいえるが（ただし預金と証券担保借入金のどちらが安定的かは，にわかには判断しがたい），小池の銀行が業務を拡大するのは国債や社債の市場が拡大する1910年代以降であり，中上川が三井銀行を率いた1890年代にはこうしたビジネスモデルが成り立つ余地はなかったといえよう。明確なビジネスモデルがなかっただけに，中上川の方針は，預金面から見れば消極的・保守的，貸出面からみれば工業を育成したという点で積極的・革新的であり，それを合理的に解釈しようとすると困難がともなうのである[10]。

3 明治後期の三井銀行ビジネスモデル論争と早川千吉郎・益田孝・三井高保

中上川は1901年10月に病気により死去した。後任は大蔵省から三井家同族会理事に就任していた早川千吉郎であった。三井財閥では1902年6月の会議において，三井銀行の営業方針が検討された。三井物産出身で，三井財閥の管理部門にいる益田孝（三井家同族会管理部専務理事）は，小口当座預金が最も多く，ついで定期預金が多く，商業者の資金である当座預金が少ない預金構成を問題とし，三井銀行の現状を放資銀行（インベストメント・バンク）であって商業銀行ではない，と批判した。さらに資金運用についても，有価証券と不動産保有額が多いこと，さらに貸出金についても，三井鉱山・三井呉服店（製糸会社を経営していた）および鐘淵紡績・王子製紙への貸出が固定しているこ

とが問題であるとした。有価証券と不動産の利回りは低いから，利益率も低いうえに，資金が固定しているので，取り付けにあったときには，回収することもできず，対応できないと批判している。そして世間の信用が上昇して，預金が増加するのは結構であるが，いたずらに預金の増加を図るよりは，経費の節減を図る方が安全で利益も多い，としている。このように益田は，三井銀行が商業者の資金である当座預金を中心に預かり，流動的な貸出をおこなう商業銀行となるべきであるとしていた。

新しい三井銀行の経営者となった早川千吉郎は，異なった考え方を持っていた。早川はこの会議に先立つ三井財閥の本社部門の調査に対して，従来当行の使用人のなかには，預金は借金なりとの考え方にもとづき，預金を軽視する傾向があったが（中上川のことを指しているのは明らか），銀行にとって預金は重要な資金源であり，軽視すべきではなく，できるだけ便宜を預金者に与えるべきである，との考え方を述べている。ただし預金には支払い準備を持つことが重要であり，預金額のおよそ1割の準備を持つ方針であるとの考えを表明していた。そしてこの会議においても，預金が多ければ，それに従って危険も増すのであるが，預金支払い準備をたくさん持つなど対策をとれば，それほど恐れる必要はなく，拡張すべきところは拡張すべきで，支店を増加する必要がある，としていた。早川は預金支払い準備の重要性を指摘し，準備さえ怠らなければ，預金は危険なものではないとして，預金の積極的な増加を主張していたのである。

こうして益田と早川の考えは大きく異なっていたのであるが，三井銀行の営業方針は，次のように決定された。

一　預金ノ増加ヲ望マズシテ，専ラ資金ノ運用ニ注意シ業務ノ確実ヲ努ムベシ
二　流レ込ミ地所ハ漸次売却スルコト
三　時機ヲ見計ラヒ有価証券ヲ売却シ其手持ヲ減スヘキコト
四　経費ノ節減ヲ計ルト全時ニ事務ノ敏活ヲ期シ，各営業店ノ模範タラシムベキ事
五　成ルベク良好ナル得意先ヲ選択シ之ト取引ノ道ヲ開クヘキ事

第一項後半から第五項は益田の方針にほぼ沿っており，早川もあえて反対す

るとも思えない方針であるといえる。これに対して，第一項の前半は，益田の考えとも早川の考えとも異なっていたといえる。預金の増加を望まず，という方針は，益田でも早川でもないところから提起された，と考えられる。

　三井銀行の社長であった三井高保は三井銀行の経営方針に関する考えを1903年2月に提出していた。三井高保は両替店以来の三井銀行の歴史を振り返り，江戸時代に大名貸をおこなわなかったことと，預金や預かり金をあまりおこなわなかったことが，幕末の激動を乗り越えられた原因であるとした上で，明治維新後に官公預金を預かって発生した滞貸付金も1891年の改革以来，着実に整理してきた，とこれまでを整理した。そして今後の方針については，有価証券・不動産・滞貸付金の処理などは日常なすべきことであって，方針というまでもないことであり，大方針と呼ぶに値するのは，預金に関する方針であり，それを定めることが重要であるとしている。そして現在のように競争して得意先を引き寄せ，預金高を増加し，預金額に重きを置くのは良くないのであり，とくに小口当座預金という貯蓄類似の預金は最も良くない，としている（貯蓄銀行は営利的になすべきではないとしている）。よって小口当座預金は漸次廃止し，預金は定期預金とすべきで，通知預金・当座預金の特別利息の付与は直ちに廃止すべきであり，また定期預金も高い利子を支払って集めることを廃止したい，としている。さらに京都・大阪・神戸・横浜などの重要な支店以外は廃止すべきであるとしていた。こうした方針をとることで，規模は縮小するであろうが，銀行の実力はより強固となるであろうと結んでいる。

　三井高保は小口当座預金を嫌い，定期預金を選好しており，商業者の当座預金を重視した益田孝の方針とは異なっていた。イギリス流の商業銀行はモデルとしていなかったのである。そして預金を増加させたいという早川の方針とは真正面から対立していた。この方針が先の第一項の前半と一致していることは明らかで，先の方針は，三井同族の意向を反映していたと判断できる。専門経営者とオーナーの間に経営方針をめぐる鋭い対立があり，専門経営者の意見が退けられ，オーナーの意見が採用されたのである。ただしこの段階では，定期預金を主たる資金源とすることが明らかで，たとえ小さくともヨーロッパ風の銀行らしき銀行になりたいとしているものの，預金をどのように運用していくのか，どのようなビジネスモデルをとるのか，という点は曖昧であり，先の5

箇条の方針も，資金運用については何も述べておらず，銀行の経営方針としては中途半端なものにとどまっていた。また三井同族の預金の増加を望まず，という方針の背後には，井上馨の存在があったことが推測される。井上馨は当時，三井家の顧問であったし，同じく井上が影響力のあった鴻池家の鴻池銀行も原田二郎のもと預金は借金なりという方針をとって，預金の増加を抑制していたからである。

　1904年の三井銀行支店長会において，こうした方針は，益田によって「保守主義」とよばれている。実際に三井銀行は，少額の小口当座預金を無利息とする制度が実施され，無理して小口当座預金を集めない方針が実施されており，定期預金と当座預金が増加していた。益田は，得意先の感情を害しない限りは，預金を増加させないこと，貸出金は利息が安くても安全で流動的であることを重視するとしていた。そして三井銀行は無限責任であり，三井家が三井物産・三井鉱山など多くの事業を営んでいるので，銀行の経営は預金を積極的に増加させていくわけにはいかない，とした。先の5箇条の方針が実行されていることが分かるとともに，いまだ三井銀行の新しい経営戦略は描けていなかった，というべきであろう。

　新しい経営方針は，1906年の三井銀行支店長会において，早川千吉郎からフィナンシング・ハウスとして提起された。これまでの普通商業銀行業務に加えて，外資導入，公社債引受，貿易金融，信託などの業務を新たにおこない，三井各社の金融統一をおこない，上海に店舗を設置し，ロンドンとの取引の拡張などをおこなう，というものである。そして従来の業務については，不動産・有価証券の整理や重要でない支店の閉鎖を続け，兼営している倉庫業を独立させる一方，不良な預金を整理し，預金の1割の準備を置き，貸出は良得意先を選択し，小口貸出を整理し，さらに重要でない為替契約を解除して，小口送金などの業務も整理するとしていた。大口貸出・証券業務・信託業務・外国業務をその柱とする一方で，商業銀行の基幹業務である為替や送金を整理し，定期預金を中心とすることから，イギリスのマーチャントバンクやアメリカの投資銀行のようなビジネスモデルを描いていた，ということができる。1907年の支店長会では，ロスチャイルドやモルガンに匹敵する資金力を持ってフィナンシング・ハウスをおこなうのが将来の希望であるとしている。

実現はしなかったが三井財閥内部では，三井銀行に資本金勘定，有価証券勘定，三井営業店勘定，流込地所建物勘定，金銀勘定のみを残し，預金や貸出など残りの債権債務を新設の銀行（約半額を三井家が出資し，残りを使用人や公衆が出資する株式会社）に移すという投資銀行と商業銀行の分離案まで検討されていた。三井家の発祥の事業である三井呉服店は，従業員などが出資する三越呉服店へと1904年に改組されているから，商業銀行業務を分離し，従業員等が出資する新銀行に引き継ぐ，というプランに実現可能性が全くなかったとはいえない。しかし結局，三井銀行の分割はおこなわれず，1909年に三井銀行は株式会社へと改組されたのであった。株式会社三井銀行の社長には引き続き三井高保が就任し，常務取締役には，早川のほか，本店営業部長であった池田成彬と大阪支店長であった米山梅吉が就任しているが，引き続き早川が筆頭常務取締役として実質的な指導者となった[11]。

4　大正期の株式公開と池田成彬・団琢磨

　三井銀行が有限責任である株式会社に改組されたことによって，三井同族および井上馨による預金の増加を望まず，という方針には転機が訪れたといえる。三井同族と井上馨は無限責任を恐れていたからである。三井銀行の店舗も1911年の和歌山支店，1915年の大津支店と閉鎖されたが，その一方で1909年に深川支店箱崎出張所，大阪西支店（ただし両店とも株式会社への改組前），1911年に福岡支店が開設されており，一方的に整理されるというものではなくなっていた。

　第一次世界大戦期には，各行の預金獲得競争が本格化した。鴻池銀行はそのなかで株式会社への改組が1920年と遅れ，預金への消極主義を貫いたが[12]，三井銀行は預金競争のなかで預金獲得を本格化していった。早川は1916年の三井銀行支店長会において，業務発展の根源は預金にある，としたうえで，近年預金の吸収がますます困難になってきたとして，支店長の努力を多としつつ，他行の発展は驚くべきものがあり，三井銀行の預金を凌駕する勢いであると現状をとらえた。そのうえで三井銀行のプレスティージを守るためにも支店長は一層の努力をして，本部とよく打ち合わせて，預金に関して充分の画策と

努力を尽くすことを希望する，と述べたのである．預金額1位の地位を守るために，預金吸収に努力せよ，ということであるから，1900年代前半の消極姿勢は完全に放棄されていたということができる．そして1916年に下関出張所，1918年には中之島出張所，若松出張所，大阪川口出張所が設置された．もちろん他行も預金吸収のために店舗を増設しており，三井銀行の店舗増設ペースは決して速いものではなかったが，店舗の整理を進めることも全くなくなっていたのである．こうした積極化の背後には，預金競争の激化とともに，1915年に井上馨が死去していたことも影響していたものと考えられる（三井高保は1920年に三井銀行社長を退任）．

　商業銀行のほかに強化するとされていた外国業務・証券業務・信託業務も同時に強化されている．外国業務からみていこう．三井銀行は1906年にバークレース銀行との為替約定を締結し，その資金にもとづいて1907年に三井物産の輸入為替の資金を使用させたのが，最初の外国為替業務となった．以後もクラインウォート，フレデリック・ヒュース，ナショナル・シチー銀行，パース銀行，ディスコント・ゲゼルシャフト，ユニオン・パリジャン銀行，コメルツ・ウント・ディスコント銀行，コントア・ナショナル・デスコント・ド・パリ，クリジ・リオネー，ギャランティー・トラスト・カンパニーといったイギリス・アメリカ・ドイツ・フランスをはじめとする一流銀行と為替の約定を締結していった．外国為替業務は，1911年に三井物産ロンドン支店の日本への機械輸入について振り出される東洋手形を買い取ることからはじまり，この東洋手形の買取資金を調達するためにロンドン向け生糸手形を三井物産から買い取るようになり，さらにその資金を利用してインド綿花の輸入為替を買い取るようになっていった．1912年下期の外国手形買取額は252万円であったが，1914年下期には480万円，1916年下期には第一次世界大戦のブームを反映して3,368万円にまで増加している．その後の外国為替業務の発展は，図3-2にみるとおりである．三井銀行の外国為替業務の主たる顧客は，三井物産と三井物産の綿業部門が独立した東洋棉花であった．こうした外国為替業務の進展により，1913年には本店に外国課が設置され，1916年には横浜・大阪・神戸などでも外国為替業務がおこなわれるようになり，さらに1917年に上海支店，1922年にニューヨーク支店，1924年にロンドン支店とボンベイ支店，1925年

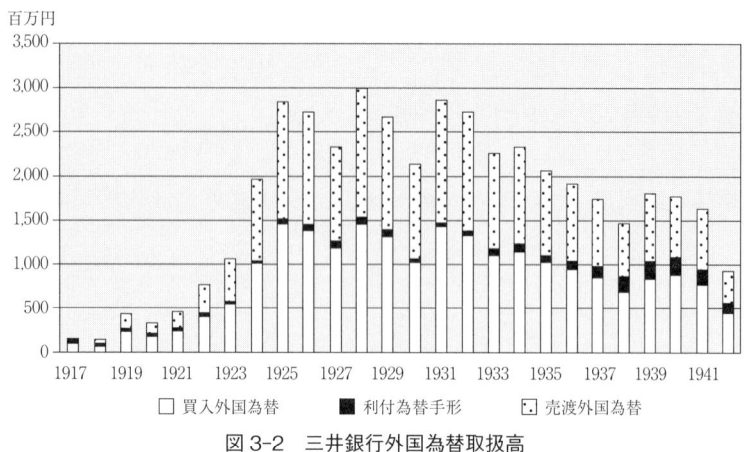

```
百万円
3,500
3,000
2,500
2,000
1,500
1,000
 500
      1917  1919  1921  1923  1925  1927  1929  1931  1933  1935  1937  1939  1941
         □ 買入外国為替   ■ 利付為替手形   ⁝ 売渡外国為替
```

図3-2　三井銀行外国為替取扱高
（出所）三井銀行八十年史編纂委員会前掲『三井銀行八十年史』438, 440頁。

にスラバヤ出張所, 1928年に上海支店大連出張所と外国店舗が開設されるに至った。

　証券業務では, 公社債の引受に加えて, 1911年に担保付社債信託業務を兼営し, 担保の受託業務をおこなった。三井銀行の公社債引受は, 東京・大阪・神戸などの市債の引受と電力社債・電気鉄道社債の引受を中心としており, 1920年代には単独引受もかなり多かった。1920年から1939年の社債引受額は, 日本興業銀行14億6,990万円, 三井銀行12億8,579万円, 三菱銀行7億8,606万円, 第一銀行6億8,216万円, 住友銀行6億8,191万円, 安田銀行6億4,589万円となっており, 三井銀行は普通銀行のなかで最も引受額が多かった。また担保受託額は, 日本興業銀行19億5,078万円, 三井銀行10億9,004万円, 安田銀行1億855万円, 住友銀行6,050万円, 第一銀行4,450万円であり（三菱銀行はなし), 三井銀行は普通銀行のなかで担保受託額もぬきんでていた[13]。信託業では, 三井銀行が担保付社債信託業務を営んだほか, 1923年に信託法・信託業法が施行されると, 1924年に三井信託株式会社が設立され, 信託業務を営んだが, 定期預金との類似性が高い合同運用の指定金銭信託が中心であった。三井信託の初代社長には, 三井銀行常務取締役であった米山梅吉が就任するなど三井銀行との関係が密接であった[14]。

早川は1918年に常務取締役を辞任し，池田が筆頭常務取締役となった。池田の最初の大きな仕事は，1919年の2,000万円から1億円への増資（6,000万円払い込み）と株式公開である。三井銀行の預金が増加し，自己資本比率が低下したため（1909年末の株主勘定の総資産に対する比率は19.4％であったが，増資直前の1919年6月末のそれは10.6％に低下していた），増資が企画された。その際に池田をはじめとする三井銀行の首脳は，銀行というものが単なる三井家の所有物になっているのはよくない，また三井家が三井銀行を所有し，全責任を持つことが三井家の利益でもない，という考え方にもとづき，増資新株の一部公開を企画した[15]。三井銀行社長の三井高保と三井鉱山出身で三井財閥の本社である三井合名会社の理事長である団琢磨は賛成であったが，三井合名会社社長の三井八郎右衛門が反対した。当初は団琢磨が三井八郎右衛門の説得に当たったが失敗し，池田と米山が説得することとなった。

池田と米山の説得に対し三井八郎右衛門は，三井銀行が株式を公開しても引き続き三井銀行の商号を保持することには反対しないが，三井物産が株式を公開したときに，三井物産の商号を保持することには反対であり，その前例となってほしくないので，三井銀行株式の公開に反対する，という意見を述べた。三井同族は三井銀行・三井信託など金融業を除くと三井合名会社が大株主であっても株式を公開している企業（芝浦製作所など）や三井合名からみた孫会社に三井の商号を与えることには消極的で，戦時期に三井鉱山が株式を公開するときにも大きな問題となったし，三井物産や三井鉱山の子会社にも三井の商号を与えなかった（三井物産の子会社の例，大正海上火災保険，東洋レーヨン，玉造船所など，三井鉱山の子会社の例，東洋高圧工業，三池窒素工業など）。池田は，三井銀行について賛成なら三井銀行には三井の商号を許し，三井物産について反対なら，将来三井物産が申請した場合に三井の商号を変えさせれば良い，と説得した。この説得が成功して三井銀行は株式を公開することができたのである。団と三井八郎右衛門との間の調整に数ヶ月を要しており，三井財閥の意思決定はときに遅れがちだった。公募分の新株はプレミアム付きで募集されており，1919年末の株主勘定の総資産にたいする比率は18.5％に回復している[16]。

5　第一銀行との合併と万代順四郎

　昭和恐慌のなか 1932 年に血盟団事件で団琢磨が暗殺された。池田成彬が三井合名に入り，財閥批判に対応するため改革を実行したが，その一環として三井同族が傘下企業の社長から退任することとなり，1934 年三井源右衛門社長が退任し，菊本直次郎が会長に就任した。菊本は 1936 年に退任し，今井利喜三郎が会長となったが，半年で退任し，1937 年に万代順四郎が会長に就任した。昭和恐慌からの回復過程で三井銀行の預金額は他の大銀行と比べて伸び悩んだ（表 3-2）。三井銀行の店舗数が少なく，それが預金増加に不利に働いたことは間違いないが，店舗の増設には各行とも規制がかけられており，他の銀行が店舗数を大きく伸ばしていたわけではなく，三井系の大口預金に依存する三井銀行の体制の限界が露呈したという側面が大きいようである。三井銀行は伸び始めた大衆預金の獲得がうまくいかなかったのである。こうしたなかで万代が打ち出した戦略が，第一銀行との合併であった。

　万代は，財界が幼稚な時代には，信用ある三井などが銀行を経営し，銀行に

表 3-2　大銀行の預金額と店舗数の推移

	三井	三菱	安田	住友	第一	三和
預金（百万円）						
1921	413	279	153	370	364	—
1922	439	266	136	334	342	—
1923	418	307	568	344	344	—
1924	409	303	573	377	346	—
1925	440	312	572	416	366	—
1926	456	329	623	435	391	—
1927	560	471	713	553	521	—
1928	606	562	722	643	597	—
1929	660	600	658	663	629	—
1930	666	623	590	681	628	—
1931	637	609	607	667	649	—
1932	688	640	665	735	703	—

第3章　三井財閥と銀行業

	三井	三菱	安田	住友	第一	三和
預金（百万円）						
1933	715	661	741	798	787	1,025
1934	749	723	807	873	852	1,077
1935	796	731	833	952	913	1,115
1936	857	810	929	1,017	972	1,198
1937	946	933	1,090	1,152	1,120	1,341
1938	1,127	1,149	1,348	1,459	1,383	1,657
1939	1,349	1,394	1,910	1,956	1,796	2,137
1940	1,589	1,726	2,349	2,445	2,196	2,589
1941	1,789	2,068	2,881	3,007	2,504	3,205
1942	2,190	2,774	3,525	3,530	3,068	3,952
支店出張所数						
1921	17	12	23	40	30	—
1922	19	14	24	41	31	—
1923	19	15	210	43	34	—
1924	21	17	215	52	35	—
1925	22	17	179	57	35	—
1926	22	17	179	65	36	—
1927	22	18	176	73	60	—
1928	23	18	155	75	57	—
1929	23	23	153	78	57	—
1930	23	23	151	82	57	—
1931	25	23	151	83	61	—
1932	25	23	148	81	60	—
1933	23	24	147	81	59	274
1934	23	24	144	81	59	218
1935	23	25	142	81	58	206
1936	23	26	140	81	58	201
1937	23	26	138	81	58	201
1938	26	30	142	88	65	197
1939	27	32	141	88	66	196
1940	28	40	143	88	67	197
1941	33	45	149	92	70	201
1942	45	66	148	104	82	235

（出所）後藤新一前掲『日本の金融統計』101〜115頁。

信用を持たせる必要があったが，財界が発展した今日では，その必要はなく，三井のような大財閥は，大衆から資金を集めて，他に運用して，利益を上げるビジネスはすべきではなく，国家・社会のためになる事業を興すべきであるとし，適当な時期に三井銀行を他の銀行と合併して，三井から分離すべきである，という考えを持っていた。さらに万代は，日中戦争が拡大したあとの反動を恐れていたが，それには有力銀行が合同して体質を強化することが対策となると考えていた。そして大衆を相手にする銀行業務が発達しているが，支店の増設が規制によって望めないため，それを打開する必要があることを認めていた。

他の大銀行と合併して，三井銀行を三井財閥の直営から外すことには，幾人かの三井同族も賛成であった。そこで万代は，1938年に日本銀行の結城豊太郎総裁を介して，第一銀行に合併を申し入れたのであった。しかし第一銀行の明石照男頭取（渋沢栄一の娘婿）は，両行にはそれぞれ特色のある取引先があること，両行の行員が対立することが懸念されること，三井・第一・昭和の3銀行合併なら賛成であること，第一と三井が合併すると三井同族の持株比率が大きくなり，三井の影響力が強くなること，という4つの理由から，第一と三井の合併に反対した。三井側からは対等合併とされていたが，第一側からは対等ではないと判断されたのである。

戦時経済が進展すると，金融統制の観点から銀行合同が進められ，とくに一県一行の実現が目指された。そのなかで都市銀行の合同もはかられることとなり，1943年に三菱銀行と第百銀行との合併とともに，三井銀行と第一銀行との合併が実現した（帝国銀行となる）。両行の合併問題が本格的に議論されたのは，1942年12月からであり，新銀行を創設して対等合併すること，本店は第一銀行の本店を用いること，行員などは全て新銀行に引き継ぐことなどが年内に合意された。そして帝国銀行は三井系企業の金融に責任を持つこと，および三井家が帝国銀行の大株主となるが，帝国銀行の経営に干渉しないこと，も申し合わされた。1938年の合併申し入れの際に問題になった三井家の持株問題は，こうして回避されたのである。時局の流れとはいえ，三井家は大きな決断をすることを求められたといえよう[17]。

〈注〉

1) 三井文庫編［1980］『三井事業史　本篇　第1巻』三井文庫；賀川隆行［1985］『近世三井経営史の研究』吉川弘文館。
2) 三井文庫編前掲『三井事業史　本篇　第1巻』第6章；三井文庫編［1980］『三井事業史　本篇　第2巻』三井文庫，30頁。
3) 石井寛治［2007］『経済発展と両替商金融』有斐閣，第1章。
4) のちに三越家の当主に，三井家出身の三越得右衛門が就任する。そして1893年には合名会社三井呉服店が創立され，正式に三井家の経営に復帰した。しかし後に述べるように1904年には三井呉服店は三井の直営を離れることとなり，重役などを中心に組織された三越呉服店がその営業を引き継いだ。
5) 三井文庫編前掲『三井事業史　本篇　第2巻』第1，2章。
6) 石井寛治［1999］『近代日本金融史序説』東京大学出版会，第2章。
7) 粕谷誠［2002］『豪商の明治―三井家の家業再編過程の分析―』名古屋大学出版会，第1章。
8) 粕谷誠前掲『豪商の明治』第2章。
9) ただし三井銀行の自己資本比率は1898年に地所部を合併して資本金が200万円から500万円に増加するまでは，それほど高いとはいえず，レバレッジを抑えていたともいいがたい。
10) 粕谷誠［1998］「政商から財閥への脱皮―中上川彦次郎（三井銀行）―」伊丹敬之・加護野忠男・宮本又郎・米倉誠一郎編『ケースブック日本企業の経営行動4　企業家の群像と時代の息吹き』有斐閣。
11) 粕谷誠［1991］「日本における預金銀行の形成過程(2)―支払準備を中心として―」『社会科学研究』第43巻第4号；松元宏［1979］『三井財閥の研究』吉川弘文館，第3章；小倉信次［1990］『戦前期三井銀行企業取引関係史の研究』泉文堂，第1章。
12) 宮本又郎・廣山謙介［1980］「明治後期〜昭和初期鴻池における多角化挫折と専業化志向」『経営史学』第15巻第1号。
13) 橘川武郎［1983］「戦間期の社債発行と7大金融系統―金融機関と産業企業との関係―」『証券研究』第69号。
14) 信託会社の社債引受額は，三井信託5億5,358万円，安田信託4億8,016万円，住友信託3億8,834万円，三菱信託2億9,670万円であり，担保受託額は，三井信託3億6,638万円，安田信託2億2,980万円，住友信託2億2,795万円，三菱信託1億6,550万円であり，社債引受額・担保受託額とも三井信託は他社を引き離していた（橘川武郎前掲「戦間期の社債発行と7大金融系統」）。
15) 株式公募に当たって，公募する理由としては，社会の進運に伴うことと欧州先進国の銀行組織の変遷の例にならうことが挙げられていた。
16) 三井銀行八十年史編纂委員会編［1957］『三井銀行八十年史』三井銀行；柳沢健［1949］

『財界回顧』世界の日本社, 130 頁。
17) 小倉信次前掲『戦前期三井銀行企業取引関係史の研究』第 5 章；三井銀行八十年史編纂委員会編前掲『三井銀行八十年史』。

第4章

大阪財界と銀行業
―明治期大阪の経済躍動を担った銀行家たち―

黒羽　雅子

■ はじめに

　江戸時代，天下の台所として繁栄した大阪経済は，明治維新の諸変革の中で衰退を余儀なくされていた。銀目の廃止や商家に対する御用金の調達，半ば強制的な旧藩主等に対する債権の放棄等が商都大阪を疲弊させていたのだ。この地の経済を支えてきた商人たちは大部分の資産を失うなどして，新しい制度に対応できずに，その多くは没落していった。

　近代大阪財界の形成の礎となった大阪商法会議所は1878（明治11）年8月，初代会頭五代友厚らの手によって開所となった。五代は金銀分析所，鉱山開発弘成館，朝陽館，関西貿易会社などを起こすとともに，大阪造幣局，大阪商業講習所（現大阪市立大学），阪堺鉄道（現南海電車），株式取引所，堂島米商会所，大阪製銅会社，大阪商船などの設立にも関与した産業のオーガナイザーである。五代は，広瀬宰平，藤田伝三郎，松本重太郎などの大阪商法会議所に集まる人々とともに，明治維新後に展開する企業勃興，日本における産業革命に大きな役割を果たした。これらの人々は，いわば，近代大阪の基盤を築き，それを大きく発展させたのであった。

　上記の人々を分類すると，産業資金の供給を主に担った人々と産業そのものの基盤づくりとその発展に関わった人々とがある。大日本紡績の山辺丈夫や菊池恭三，鐘紡の武藤山治，稲畑産業の稲畑勝太郎らは後者にあたる。本章で取

り上げる，松本重太郎と岩下清周は前者のタイプであった。

　1880年代後半，松方デフレが収束し，最初の企業勃興運動が生じた。鉄道業に始まった企業熱は株式投機を助長し，ブームを形成しながら，明治政府の殖産興業政策の重要な一環である機械制綿糸紡績業の成立へと移っていった。日本における工業化の始まり，産業革命である。企業勃興は，この後約10年ごとの反動恐慌を繰り返しながら，日清戦争直後，日露戦争終了後とふたつの高波を形成した。三井，三菱といった財閥の流通・生産部門は自己金融を軸に発展を遂げたが，それ以外の多くの産業企業を生み出し，発展を支えていたのはその他の銀行資本であった。資本主義が生まれたばかりのこの時期，不十分な資本蓄積を補ったのは，財界のネットワークを利用した資本調達の仕組みであった。

　松本重太郎と岩下清周はそれぞれ百三十銀行，北浜銀行の頭取として，自身の経営する銀行を企業設立列車の機関車のごとくに位置づけ，多数の会社企業を連結すべく，その設立に関与していった。「鉄道事業に於ける企業の火は次で紡績業に移り，その火勢更に鉱山事業に移り，各種の工業商業会社続々設立せられ，一会社起これば相隣して他の会社起こり，利益ありというのもあればはたしてその事業の利益あるや如何を問わず，甚だしきは利益の有無さえ調査せずして先ず会社を創立し，会社創立すといへば忽ちにして予定額以上の株式申込のあるあり」（滝沢直七『稿本日本金融史論』1912年，232頁）と描写される時代にあって，松本と岩下は，リスクを度外視したその冒険的な投資行動がしばしば批判の対象となった。本章では，これら2人の銀行家の銀行経営と産業企業への関わり方を中心に，その足跡をたどることを通して，彼らの時代に果たした役割，経営者としてのそれぞれの特徴を比較しつつ，その経営史的な意味を考えたい。

1　松本重太郎：大阪経済の基盤づくりに参画した銀行家
　　　―企業設立と再建を担う

(1) 生い立ち

　松本重太郎は，1844（弘化元）年，丹後国竹野郡間人(たいざ)村（現京都府京丹後市丹後町間人）の農家松岡亀右衛門の次男として生まれた。幼名は亀蔵と言っ

松本重太郎
(出所) 松本翁銅像建設会［1922］『雙軒松本重太郎翁傳』。

た。数えで10歳（以後の年齢表記は全て数え）の時に京都に出て，五条通の呉服商菱屋勘助方で丁稚奉公を始めた。だが，ここでは将来に希望を持てないと判断した亀蔵は，3年後，大阪天満の呉服商綿屋利八方に移り，10年あまりの間太物問屋の商売を学んだ。この間，店の近所にある小田奠陽（てんよう）という儒者の塾に通い，薫陶を受けた。亀蔵は，自身の独立に際して，小田に綿屋と交渉を依頼し，円満に同家を去れるよう尽力してもらっている。

　亀蔵は24歳で独立すると松本重太郎と名乗り，洋反物の行商による卸を始めた。1870（明治3）年には，得意先より資金を用立ててもらい，舶来物商「丹重」を心斎橋筋の平野町に開店した。舶来物商を選んだのは，実績も伝手も十分にない松本にとって，国産の伝統ある商品を扱う政商らと競合しても勝算はないとの判断からであった。大阪では，稲田左七郎，伊藤九兵衛，平野平兵衛らの洋反物商が，急速に商売を広げていたときだった。

　1871，2年頃，京都に断髪令が出るという噂に，帽子と襟巻きが売れると予想した松本は，急ぎ長崎に向かう外国船に乗り，かの地で帽子や襟巻きを大量に仕入れてきた。松本の予想は的中した。荷が平野町の店に到着すると，京都の商人らは競ってこの品物を買い尽くした。その後各地の開港場を往来し，失敗もあったが，機を見ては大量の買い占めを行い，高値で品物を売りさばく松本の活躍はめざましいものであった。さらに，西南戦争に際しては軍用の羅紗を買い占め，戦役拡大とともにそれを官軍に売りつけ数万円の利得を得た。そ

うして，洋反物商「丹重」は大阪において確固たる地位を築いていった。

(2) 第百三十国立銀行設立とその経営

　1875（明治8）年，これまで米で支給していた武家への家禄を金禄制に切り替えることにした明治新政府は，翌1876年，金禄公債証書の発行によって，華士族の禄制を廃止した。同じ年，国立銀行条例の改正があり，国立銀行券の正貨兌換を止めるとともに，金禄公債による国立銀行資本金への出資が認められることになった。国立銀行は，この改正前にはわずかに4行が設立されたにすぎなかったが，これ以降1879年末までに，158行が免許申請し，143行の設立をみた。

　1878年，松本は大阪第百三十国立銀行の設立免許を取得し，翌年2月に同行を開業した。丹後国の豪農出身で徳島藩士となった小室信夫と組んで，故郷の宮津や福知山の旧藩士から金禄公債による出資を仰いだ。この時許可された資本金は25万円であった。

　同行の発起人は，士族小室信夫，大阪府平民松本重太郎の他に，同平民大谷嘉平，渋谷庄三郎，森岡忠兵衛，京都府平民村上治兵衛の6名。出資者の方は，1882年末の株主名簿によれば，大阪4区で65名，7万8,500株，大阪府以外が372名，17万1,500株という配置で，地方とりわけ京都府下の士族が重要な位置を占めていた。そのためか，開業当初の本店は京都府下宮津におかれた。松本の説得により，まもなく高麗橋3丁目の大阪支店が本店となった。頭取には小室信夫の父親の小室佐喜蔵が，取締役には大阪の綿花商渋谷庄三郎，大阪の洋反物商稲田左七郎，宮津株主総代の松本誠直がそれぞれ就任し，松本重太郎は支配人兼取締役ということになった。

　開業の年の1879年8月には福知山に出張所を置いた。また，翌1880年8月，京都に西京支店，滋賀に長浜出張所を開設した。この年，頭取の小室佐喜蔵が西京支店に在勤を希望して頭取を辞したため，松本重太郎が頭取となり，松本誠直が取締役兼支配人となった。これ以降，松本重太郎と松本誠直を中心とする体制が1904年の百三十銀行休業の年まで続いた。

　同行の預金および貸出は順調に拡大した。開業当初11万6,000円だった諸預金は，10年後の1889年末には85万5,000円と7倍以上，諸貸出についても

開業当初23万6,000円であったものが1889年末には110万4,000円と5倍に迫る増加であった。預金額・貸出額について言えば，当時在阪銀行のトップである住友銀行に肩を並べ，それを追い越す勢いであった。

　これまでに何らの銀行経営も経験してこなかった松本らが，大銀行がしのぎを削る大阪の地で，どのようにしてこのような順調な成績を収めることができたのであろうか。創業間もない頃の同行の取締役決議録には，得意先サービスのために，土曜日の全日営業，日曜も当直員を増員して対応するなどの方針が示されている。一方では，新聞広告を通じて，送金手数料の引き下げや無料化，他行と比較して高い預金金利などの施策を宣伝しながら，預金者や利用者を増やす努力を重ねた。他方，貸出は人物本位の方針とし，「人物堅実」「手腕ト技倆ト共ニ優秀」であれば，「担保品ノ有無ハ敢テ甚ダシク問ウ所ナシ」として，新規事業の設立などへの積極的な貸出政策を採っていた。

　松本重太郎の商人としての経験から得た考え方，経営方針が功を奏して顧客を増やし，業績に相当程度貢献していたことは間違いあるまいが，そればかりでもなさそうである。松本は，「商工業の基礎は先ず銀行，ついで鉄道を経営することだ。そのあとで，紡績など他の事業を盛んにすることだ」と会う人ごとに言っていたそうである。その言葉通り，銀行頭取でありながら，多数の企業の新設に関わった。第百三十国立銀行はこれらの企業に資金を貸し出すばかりでなく，松本が関係することによって，これら企業への株式払込金や，それらの企業の決算報告にある「銀行預金」も相当程度が同行へと預けられた。同行は，そのようにして業容を拡大していったのである。

(3)　銀行設立と百三十銀行

　松本重太郎は，第百三十国立銀行以外にも数々の銀行設立に関与した。1887 (明治20) 年設立の共立銀行，1893年の大阪興業銀行，翌年の日本貯金銀行，1896年の明治銀行がこれである。共立銀行は倉庫内の貨物を抵当として貸付をする機関として，在阪の商人とともに設立したものである。設立後，松本は取締役や監査役として当行に関与していた。設立当初は上記のような貸付手法を採る銀行が他になかったため，流通業に対する一定の役割を果たしていたが，その手法が一般化してくると存立意義を果たしたとして，1900年浪速銀

行に合併した。同様に在阪の商人と設立したのが，日本貯金銀行で，松本は10年間にわたって取締役を務めた。

大阪興業銀行は，大阪安治川へ搬入される九州炭への荷為替金融を開く目的で，松本が設立し，自ら頭取となった銀行である。安治川の本店以外に，福岡県若松，飯塚，博多に支店を置き，後の合併先である百三十銀行の九州地方への展開の足がかりとなった。

明治銀行は名古屋在住の実業家から出資を募って設立した資本金300万円の大銀行である。1897年から短期間ではあったが，松本が同行頭取を務めた。1886年以来，同地で営業してきた第百三十国立銀行名古屋支店はその役割を終え，翌1898年，明治銀行に合併し閉店することになった。

こうして，大阪金融界における指導的地位を占めるまでになった松本重太郎は，1899年10月から1901年2月までの間，大阪銀行集会所委員長を務めた。また，1896年には大阪手形交換所の組織改正があり，第四十二国立銀行頭取田中市兵衛委員長の下，三井銀行大阪支店長岩下清周とともに委員となった。さらに，1901年1月には同交換所委員長となり，百三十銀行の破綻に至るまで在任した。

この間，第百三十国立銀行は，1898年に設立20年目の国立銀行満期を迎えて，普通銀行へと転換し，百三十銀行と改称した。同行は，1898年に第百三十六国立銀行（資本金35万円，頭取井上安二郎），大阪興業銀行（資本金50万円，頭取松本重太郎），小西銀行（払込資本金15万円，頭取小西半兵衛）を，1899年には京都の西陣銀行（資本金50万円，頭取新実八郎兵衛）を，1902年には福知山銀行（資本金15万円，頭取吉田三右衛門），八十七銀行（資本金25万円，頭取高瀬九三治）を次々と合併し，資本金額325万円の大銀行となった。

(4) 企業設立と百三十銀行

松本重太郎が設立に参画した企業は，表4-1に示した主なものだけでも30を数える。さらに，『雙軒松本重太郎翁傳』(1922年)には，松本が経営や整理に関わった会社が相当数挙げられているから，関係した企業は，まさに枚挙にいとまのないほどであったということになる。松本がどのようにしてこのよ

表 4-1　松本重太郎の関与した会社一覧

会社名	創立年	払込資本金	役職名
（金融）			
第百三十国立銀行	1878	25	頭取
大阪興業銀行	1894	17	頭取
明治銀行	1896	75	頭取
大阪共立銀行	1887	60	監査役
日本貯金銀行	1895	12	取締役
日本教育保険	1896	7	社長
日本火災保険	1892	20	取締役
日本海陸保険	1893	75	監査役
明治生命保険	1881	10	取締役
（繊維）			
大阪紡績	1882	120	社長
日本紡織	1896	55	社長
毛斯綸紡織	1896	25	社長
京都製糸（資）	1887	3	業務担当社員
内外綿	1887	25	取締役
大阪毛糸	1891	25	取締役
（鉄道・海運）			
山陽鉄道	1888	1074	社長
豊州鉄道	1894	300	社長
南海鉄道	1896	140	社長
阪堺鉄道	1885	40	社長
阪鶴鉄道	1896	72	監査役
太湖汽船	1882	30	監査役
内国海運	1872	100	評議員
（その他）			
日本精糖	1896	37	社長
大阪麦酒	1887	40	監査役
堺酒造	1888	10	監査役
大阪盛業	1888	10	監査役
大阪アルカリ	1879	100	取締役
汽車製造（資）	1896	69	業務担当社員
明治炭坑	1896	25	監査役

（出所）石井［1998］5頁，備考：(資)は合資会社，無印は株式会社，資本金は単位万円．

うに多数の会社の設立や経営などに中心的に関与し得たのかを見ていくことにしよう。

　鉄道業界の起業ブームが始まったのは，1881（明治14）年設立の日本鉄道会社が1割配当を実施した1883〜84年頃である。1880年秋に開始された松方正義蔵相の紙幣整理の過程で，諸物価の大幅な下落，輸出の増加と輸入の減少，金利の低下などのデフレ現象が現出した。しかし，1884年ごろを底に景気回復へと転じる兆しが見えてきた。株式市場活況の兆しに，不況下で行き場のなかった遊休資金が証券市場へと一気に流れた。株価は払込額を上回って急騰し，そこへさらなる投機的資金が流れ込み会社設立熱をいっそう呼び起こした。1878年には東京と大阪に株式取引所が設置され，このブームを後押しすることになった。こうして，会社設立熱は鉄道事業から紡績業に，紡績業から鉱山業に，そして商工業のあらゆる事業へと移っていった。

　松本の事業熱も旺盛であった。松本には，商工業の発達を助成するものはなんといっても交通機関の整備であるという考えがあった。第百三十国立銀行の豊富な資金は，松本の多角的な投資活動と多数の産業企業経営を支えた。

　1884年，日本で初めての純然たる私鉄，阪堺鉄道が計画され，1886年に難波—大和川北岸間の開通を見た。阪堺鉄道の計画に当たって，松本は難波と住吉を結ぶ街道筋に立ち，交通量の調査をして採算の見通しをたてたという有名なエピソードがある。阪堺鉄道の発起人19人のうち12人は堺の有力資産家であった。資本金は25万円で，松本が社長に選ばれた。松本の持ち株は全2,500株（1株100円）中200株で，筆頭株主の藤田伝三郎の250株に次ぐものであった。阪堺鉄道は開業2年後の1888年春には堺吾妻橋まで路線を延長した。さらに，1892年春には難波—住吉間の複線化を実現するまでになった。同社の経営は順調で，株主配当は開業当初7.3％であったものが，1898年には32.7％に達するという状況であった。この成功を受けて，松本は和歌山方面への鉄道の伸長を企図した。競合問題が発生したが，松方正義の裁定により問題を解決し，1898年南海鉄道が発足した。松本は取締役社長となった。阪堺鉄道は解散して同社に営業を譲渡した。

　松本は，1886年の山陽鉄道敷設計画においても発起人として参画した。山陽鉄道は，当初神戸姫路間35マイルの敷設許可を受けていたが，1892年4月

に三原までの 40 マイルの開通を実現した。このとき中上川彦次郎が社長を辞任したため、松本が後を襲った。折からの不況で同社は経営困難の中にあった。同年 8 月、松本は多数の役員の反対を押し切って、三原以西下関にいたる区間の開通工事に取りかかることを臨時株主総会に諮った。広島までの区間ではあったが、ようやく同意を取り付けた。株価が低迷している中での増資は難しかった。工事資金は 200 万円の社債発行をもってまかなった。1894 年 6 月に広島までの敷設工事が完成し、突如起こった日清戦争のための軍事輸送に奇しくも間にあった。広島は第五師団の所在地である。ここの軍隊と軍需品の輸送に貢献することで、松本の持論である鉄道の存在意義をアピールすることもできた。さらに、1901 年 5 月には下関までの延長線路敷設を完成し、山陽鉄道の全線開通が成ったのである。

松本重太郎は鉄道会社だけをとってみても、阪堺、山陽以外に多数の鉄道の開設及び事業に関係した。鉄道業は投資額が巨額であり、多様な資金調達が必要なはずである。第百三十国立（百三十）銀行が如何な大銀行であっても、松本個人の経験と勘と熱意のみを尺度とするような新規企業への多額の信用供与が、常に幸運のうちに運ぶとは限らない。それどころか、こうしたやり方は、銀行のポートフォリオを不健全なものへと導きかねないものだといった方が妥当であろう。阪鶴鉄道の開設と経営は百三十銀行を揺るがす事案の一つとなった。

阪鶴鉄道は、松本が大阪から神崎を経由して舞鶴にいたる路線を計画し、大阪財界の重鎮である住友吉左衛門、藤田伝三郎、田中市兵衛、広瀬宰平、金澤仁兵衛らを説いて発足にこぎつけたものである。この計画によって、同地域に競合する京都鉄道（京都―舞鶴間）、摂丹鉄道（大阪―舞鶴間）の 2 路線計画との対立が生じ、関西財界・政界を巻き込んだ派閥の対立にまで発展してしまった。複雑な地形を通過することから難工事や、開通までの相当な資金投入の必要性が予想されていたから、3 路線対立が資金調達の範囲を限定的なものにする危険も伴っていた。

1893 年 7 月に出願した京都鉄道は、1895 年 11 月に免許を取得し、1899 年 8 月までに京都―薗部間を開通させた。しかし、過大な施設の建設や山間路線の難工事で投資額が増大し、資金的に行き詰まってしまった。結局薗部以西の免

許を返上して，工事を終了した。また，もうひとつの競合路線，摂丹鉄道開設は不許可となった。

　阪鶴は1893年8月に出願し，再三にわたる計画路線の変更を余儀なくされたが，1895年10月に会社を設立し，翌年4月に免許を得た。発起人のうち取締役となった戸井道夫らと，監査役となった松本重太郎や田中市兵衛らは1,500～2,000株をそれぞれ引き受けた。阪鶴鉄道は大阪梅田―神崎間は官線乗り入れ，神崎―池田間は摂津鉄道を買収・改軌という方式で梅田―池田間を繋ぎ，1897年2月開業の運びとなった。同年12月には池田―宝塚間が開通した。さらに，順次延長し，1899年7月までに神崎―福知山間を全面開通させた。福知山から先は官鉄の福知山―舞鶴間を借り受けることにより，1901年には阪神―舞鶴間の直通運転が実現した。開業当初の経営難により，阪鶴鉄道の株価は半額近くまで下落，「半額」鉄道と揶揄されるほどであった。資金繰りはきわめて厳しく，国有化される1907年までに5回におよぶ社債の発行をもって，工事及び営業資金の調達を図らざるを得なかった。

　起債には，松本重太郎が開発した「新方式」が採られた。すなわち，阪鶴鉄道の発起関係者である松本重太郎，金澤仁兵衛，住友吉左衛門，藤田伝三郎らの関係する第百三十国立銀行，大阪共立銀行，住友銀行，北浜銀行（当時いわゆる「阪鶴派」）の4行のみによる社債の全額引受という方式で，社債発行の全リスクはこの4行が負担する構造であった。経営難と資金難は阪鶴鉄道の評価を落としていた。社債の売れ行きが悪ければ，事実悪かったようであるが，同系企業を総動員してそれらを背負い込む，借入金の返済や社債償還への対応にも，基本的には同様の方法を採るという，危険なやりかたを繰り返した。

　阪鶴鉄道は地の利が悪く，経営難と資金難に耐えず苦しめられていたが，1906年鉄道国有法が成立し，国有化されることになった。清算において百三十銀行も債務弁済のための負担を余儀なくされたが，最後に残った323万7,000円の高利借入金は政府に引き継がれることになった。

　この他に松本の企業活動が同行の経営に大きな負担を強いることになったものとして，日本紡織がある。紡績業と松本の関わりは，1882年設立の大阪紡績に始まる。同社は当初資本金が28万円，五千錘の小規模のものであったが，大阪織布の吸収合併により，資本金160万円五万六千錘の大紡績会社となっ

第4章　大阪財界と銀行業　113

た。松本は設立当初は取締役として同社に関与していたが，1887～97年まで社長を務め，以後相談役となった。また，1887年，営業難に陥っていた堂島紡績所の権利を継承した。堂島紡績は当初二千錘であったが，1889年までに一万錘，資本金25万円にまで拡大し，1895年，日本紡織会社が松本の手により設立されると，同社に合併された。

　日本紡織は資本金55万（払込13万7,500）円で設立され，社長に松本重太郎，取締役に佐伯勢一郎，小西半兵衛，和泉萬輔，原正次郎，支配人に佐々木勇太郎，監査役に木谷七平，井上保次郎，藤本清七という陣容であった。1897年に松本の養子松本荿蔵が加わり，1898年には社長に就任している。石井論文（「百三十銀行と松本重太郎」『経済学論集』63巻4号）では，日本紡織は堂島紡績の資金繰りを改善するために設立された会社だったとみている。合併直後，日本紡織堂島工場は失火により全焼した。このとき西宮工場はまだ創業に至ってなかったから，同社は休業ということになった。当時，西宮工場への投資が72万9,000円と払込資本金額を遙かに上回っているという状態であったから，休業は日本紡織にとって相当な痛手であった。

　日本紡織はその生産する綿糸・綿布の質や価格競争力という点で，経営難を打開することは難しかったようである。上記石井論文では，日本紡織の財務諸表が架空の利益を計上し続けていたこと，いわゆるタコ足配当をしていたことを指摘している。この会社に対して百三十銀行は銀行規律を無視した多額の当座貸越を継続し，同社の延命を支え続けた。同社の苦境を減資や社債募集により乗り切ろうという松本の試みも失敗に終わった。結局，日本紡織は解散し，1905年内外綿に売却された。百三十銀行は，同社に対する債権残高120万円余を同年上半期に損失として処理した。

(5)　百三十銀行の破綻

　1904（明治37）年，百三十銀行が破綻した。破綻の主要な原因は日本紡織への貸し込みと不良債権化，松本の個人事業である松本商店に関わる融資，阪鶴鉄道をはじめとするその他の企業への松本の個人保証，融通手形による融資の不良債権化といったものである。日本紡織や阪鶴の場合は事業縮小（撤退）ないし整理の遅延が，松本商店の場合は無謀ともとれる拡大路線の失敗がそれ

それ百三十銀行への負担を大きくした。それは松本自身の事業継続の成否を見極める厳しい姿勢のなさがもたらしたものといえる。松本自身は，百三十銀行ばかりでなく，他の諸銀行からも多額の借金をしており，コントロール能力を越えて野放図に伸びた事業の規律や統制を喪失せざるを得ない状況を自ら作り出していた。

結局，百三十銀行は安田善次郎の手で整理されることになった。上記の不良債権以外にも，各支店においては規律を無視した放漫な融資活動が続けられ，それらの支店においても本店同様かなりの損失を出していたことが判明した。

大蔵省の検査報告は，この破綻を以下のように総括している。すなわち，百三十銀行破綻の真の原因は，①頭取松本が自分の金融機関として同行を利用したこと，②行員もまた忠実ではなかったこと，③一時の弥縫策によって失敗を拡大してしまったこと，④取引を急ぐあまり，その精査を欠き放漫取引を生んでしまった点にあると。

松本が銀行創設時に唱えた「対人本位」の融資の方針は，同行がベンチャーキャピタル的な役割を果たすという意味でもある。だが，銀行資本が融資という形で過大なリスクを直接的にとることは難しい。景気が順調に推移した1890年代半ばまではリスクが表面化することがなかったので，松本は確かに企業勃興の牽引車であった。表4-1に見られるような多くの企業は松本の手によって初めてこの世に生を受けることができたのだろう。だが，1890年代末以降の松本は，個人として関わった企業の拡大に力を注ぎすぎた。百三十銀行という大銀行の看板があるが故に，リスクに対して無防備になったのかも知れない。これを前掲石井論文は「起業家としては当然撤退の判断を成すべき時に，半身が銀行家であったために，関係事業に救済資金を注ぎ込み続けたあげく，再起不能の事態を招いた」と喝破している。たしかに後年の松本はリスク管理能力の欠如した銀行経営者であったと結論せざるをえない。企業の経営者としての能力も確かなものであったかどうか疑問な点も多い。しかし，起業家としては別の評価ができるのではないか。起業の目を見つけ，事業としての成算のあるなしを見分ける能力なしに，今日に続く大企業を含むこれほど多くの企業を設立することはできなかったろう。

2 岩下清周：ベンチャーキャピタリスト的銀行家

岩下清周
（出所）故岩下清周君傳記編纂會編［1931］『岩下清周傳』。

(1) 生い立ち

　岩下清周は1857（安政4）年5月，信州松代藩士岩下左源太の次男として生まれた。3歳の時実父を亡くし，叔父章五郎の養子となった。しかし，この養父も岩下が17歳の時に亡くなった。松代は真田幸村，佐久間象山，勝海舟らを排出した土地柄である。岩下は藩の士官学校の生徒となり，練兵術やフランス語を学んだ。

　1874年，18歳の時上京し，築地英学塾で英国人宣教師ウィリアムスから英語を学んだ。さらに，1876年東京商法講習所が開設されると，岩下は同所に入学し，商業学を学ぶことになった。同講習所の初代所長は矢野二郎であった。『岩下清周傳』によれば，東京商法講習所の看板を発見し，そこに他府県人からは東京在籍者より授業料を高く取ると書いてある。それはどのような理由からかと，岩下が同所を訪ね抗議をしたことがきっかけで，矢野二郎の知遇を得たとある。岩下は，矢野の全面的な援助により，商法講習所に入学することになった。翌年，三菱商学校が開校すると，商法講習所の卒業を待たず転校，恩人である矢野の下を去ってしまう。矢野は，岩下の身勝手な振る舞いを

見ながらも，三菱商学校を修了すると，英語教師の口を世話するなど，岩下が三井物産に入社するまで，引き続き彼の世話を続けた。

(2) 三井物産時代

　岩下は1878（明治11）年三井物産に入社した。当時の物産は益田孝社長の下，政商的な商売から近代的商社への改革を進めているところであった。海外貿易の発展のため，学卒者の採用と従業員研修制度の充実に力を入れていた。入社後約1年半の国内勤務を経験した後，岩下は1880年6月ニューヨーク支店勤務となった。同支店は海外荷為替取業務が主たる機能であった。ところが，同年横浜正金銀行が設立され，荷為替取扱業務が同行に継承されると，ニューヨーク支店の存在意義は低下し，翌年以降は開店休業状態となった。岩下は，1882年春突然帰国し，貿易拡張の必要性を本社に説くという行動に出た。重役らの同情は得たものの会社の方針として採用されるところとはならず，岩下は失意のうちにニューヨークに帰った。そして，同支店はまもなく閉鎖ということになった。

　このあと岩下はパリ支店に移り，1883年春，支店長となった。パリ支店の営業状態もニューヨークと同様のものであった。だが，岩下はパリの地で，その後自分の人生に大きな影響を与えることになる，多くの日本人と接触することになった。とりわけ，当時のパリ支店長宅はあたかも日本人クラブのようで，岩下は後に創設される日本人会（会長原敬）の役員になったりもした。岩下は，ここで伊藤博文，山県有朋，西郷従道，品川弥二郎，西園寺公望，桂太郎，寺内正毅，山本権兵衛，斉藤實ら，時の政界の実力者と面識を得たのである。

　この地において，普仏戦争におけるフランスの敗因が兵器の不足にあったことを知った岩下は，兵器の自国生産を持論とするようになっていた。1885年春，岩下は突然帰国し，陸海軍省に兵器自国生産を進言するという行動に出た。だが，当時の日本の技術力や軍関係の資金力では実現は難しいとして，この進言は却下された。落胆のうちにパリに戻った岩下は，シンジケート団による外資の導入などを盛り込んだ資金計画を策定し，再び帰国して軍当局に進言したが，これも容れられることがなかった。再度の渡仏は断った。しばらくし

第4章　大阪財界と銀行業　117

て，岩下は三井物産を退職したが，それと同じ年，パリ支店は閉鎖となった。

　国も会社も岩下の理想と考える工業化推進策や新しい産業金融政策の支援者とはならなかった。

(3)　自営事業と三井銀行時代

　三井物産を辞した岩下は，物産社長の益田孝や矢野二郎の支援を受けて，1889（明治22）年品川電灯を創立した。益田は電灯事業の将来性を買っていた。遊郭という電灯の有力な需要者も近隣にあった。同社の資本金は5万円，益田孝，平林平九郎，鳥山利定らが株主となった。しかし開業後まもなく原因不明の出火，これが経営に大きな打撃となり，同社の経営継続は断念され，東京電灯に合併されることになった。

　1890年，桂太郎の実弟桂二郎と杉村二郎が創立した関東石材会社が経営難に陥るなか，岩下は同社の取締役に就任した。岩下は技術面，営業面で相当の工夫と努力を傾注したが，同社の経営改善は進まなかった。結局，1891年の秋，同社を辞することとなった。

　その同じ年，岩下は矢野二郎の勧めで三井銀行に入行した。三井銀行は松方正義の幣制改革の下で多額の不良債権を発生させ，整理が進まぬまま，明治23年不況によってさらなる経営難に呻吟していた。抜本改革を決意した同行は，井上馨の進言を得て，外部から人材を導入し改革を進めることになった。この改革を強力に進める人材として，福沢諭吉の甥で，山陽鉄道の社長をしていた中上川彦次郎を招いていた。岩下の入行したのは，中上川の改革が進められている最中で，不良債権の整理や銀行業務の近代化，三井資本の工業化・事業の多角化が目指されていた。中上川はこの改革の推進のため，専門経営者となるべき慶應義塾出身者をはじめとする学卒者を多数採用した。岩下は，その中の1人であった。

　中上川の改革が進められるなか，三井改革の一環として，大阪支店長の高橋義雄が，三井呉服店のてこ入れのため異動することになった。空席となった同ポストには，東京本社の岩下清周が就任することになった。1895年のことである。当時は日清戦後の企業勃興期であり，産業界の資金需要旺盛な時期であった。岩下は積極的な貸出方針を採った。すなわち，川崎造船所の松方幸次

郎，その取引先の津田勝五郎，藤田組の藤田伝三郎などへ積極的な融資をした。北浜の株式市場，堂島の米穀取引所への金融なども始めた。以上はいずれも大阪支店の分限をはるかに越えたものであった。岩下の行う証券・商品取引所関係への融資は，工業会社のみが同行の貸出の対象と考えていた中上川の方針に，実質的に違背するものであった。

中上川は，この時三井内部において，益田孝や井上馨らと改革方針を巡って激しく対立していた。そのさなか，岩下によって実施された，井上と親しい間柄である藤田自身やその紹介による株式所関係者への破格の融資は，中上川と岩下の対立を決定的なものにしていった。

岩下は大阪支店長から横浜支店長への転任を命じられた。岩下はこれを断って，当時大阪財界の巨頭であった藤田伝三郎の後援で新銀行設立に動くことになった。

(4) 北浜銀行の設立と岩下の企業者活動

北浜銀行は1897（明治30）年3月営業を開始した。頭取には藤田伝三郎の実兄で藤田組役員の久原庄三郎，取締役には平野紡績社長金沢仁兵衛，川崎造船所社長松方幸次郎，西成鉄道監査役鷲尾久太郎らが就き，岩下は常務取締役として出発した。また，監査役には大阪株式取引所（以下「大株」という）監査役の阿部彦太郎（旧米穀問屋），大株理事坂上真二郎（株式仲買人），大株理事の磯野小右衛門（大阪米会所初代頭取）ら3名が就任した。役員は藤田伝三郎関係の大阪財界人および大株関係者など，いずれも岩下の三井銀行時代の取引先およびその関係者である。北浜銀行は資本金300万円，筆頭株主は1,790株を保有する藤田伝三郎で，1,000株以上保有株主が2名，500株以上保有株主が6名など100株以上保有者全体で142名，以上の株主が全6万株中の53％，99株以下保有株主が1,354人で全体の47％を占めるという具合で，筆頭株主でさえ持ち株比率2.98％と，経営権を左右するような決定的大株主あるいは勢力も存在していなかった。このことが岩下の行ったリスク受容度を越えた奔放な融資活動に，ブレーキがかからなかった組織的要因の一つとなっていくのである。

1903年1月，岩下清周は北浜銀行の頭取に就任した。これ以降，表4-2に

第4章　大阪財界と銀行業　119

表 4-2　北浜銀行創設以降の岩下清周関係企業

企業名	役職名	役職就任年	備考
（銀行保険）			
北浜銀行	頭取	1903	1896年開業
帝国商業銀行	取締役	1911	
万歳生命保険	取締役	1906	1905年設立
（鉄道）			
西成鉄道	社長	1904	1898年創業
南満州鉄道	監事	1905	1906年設立
阪神電気鉄道	取締役	1907	1899年設立免許
箕面有馬電気軌道	取締役	1908	1906年
阪堺電気軌道	監査役	1909	1909年創立
広島電気軌道	取締役	1910	1910年設立
大阪電気軌道	取締役	1910	1910年創立
大阪電気軌道	社長	1912	1910年創立
（電気・ガス）			
営口水道電気	社長	1906	1908年供給開始
鬼怒川水力電気	取締役	1910	1910年設立
大阪瓦斯	監査役	1906	1897年設立
広島瓦斯	取締役	1909	1909年設立
（製造業）			
豊田式織機	取締役	1907	1906年設立
和泉紡績	取締役	1912	1913年操業開始
日本醤油醸造	取締役	1907	1907年設立
（その他）			
電気信託	会長	1912	1912年創立
日本興業	会長	1913	1913年創立
東亜興業	取締役	1909	

（出所）故岩下清周君傳記編纂會編［1931］『岩下清周傳』他。

示す多数の企業と，融資活動，企業設立，役員就任などを通じて関係を深めていくわけだが，主な業種は電気鉄道，ガス，電気で，それ以外の製造業は少数である。表4-2の企業と岩下との関係を『岩下清周傳』により簡単に見ていこう。

　西成鉄道とは，北浜銀行第2位の株主鷲尾久太郎が，西成鉄道株の思惑買に

失敗した折，決済資金を用立てるためにその株を買い取り，以後，岩下が同社の社長として経営に参加したという関係である。

　箕面有馬電気鉄道は，阪鶴鉄道の株主を中心として設立計画が持ち上がったが，日露戦後恐慌により半数近くの株式の払込みがなく失権となった。そのため会社の設立が危うくなったところへ，岩下の友人である同社専務小林一三のために，北浜銀行が失権株を引き受け，岩下が社長に就任したものである。

　大阪電気軌道は，岩下が設立に関係した企業である。同社は奈良までの鉄道敷設時に事故の発生や難工事による工事費用の増加が原因で資金難に陥った。そこで初代社長の広岡敬三が辞任し，岩下が社長に就任することになったものである。

　広島瓦斯と広島電気軌道は広島の地方資本家と，大林芳五郎（大林組創業者），島徳三などの岩下グループ（大阪系資本家）とが共同出資により設立した会社である。

　大阪瓦斯は，1901年頃，経営拡大のために外資を導入する計画を立てていた。同時に実施した新株募集をめぐって，大阪市との間に報償契約問題が生じたため，増資は難航した。岩下は原敬などとともに，同社と大阪市との紛争に介入し，紛争の解決と増資の成功に協力した。これがきっかけとなって，同社監査役となった。

　豊田式織機は，豊田佐吉の発明を製品化するために三井物産などによって設立された会社であるが，岩下の友人の谷口房蔵（大阪合同紡績社長のちに東洋紡に合併）が社長となったため，岩下も取締役に就任したものである。

　和泉紡績は岸和田の旧家宇野家が紡織業進出のために設立した企業である。泉州出身の谷口房蔵が設立に当たって尽力した関係で同社社長となり，岩下も取締役に入った。

　日本醤油醸造は，氷砂糖の発明者で，元日本精製糖社長の鈴木藤三郎が，醤油促成醸造法企業化のために設立した会社である。岩下は創立時より取締役を務めている。

　日本興業は，1912年に破綻した才賀電気商会の前後処理のために設立した会社である。岩下は才賀商会救済を請われて，同社の会長に就任した。

　電気信託も上記の才賀商会救済の機関である。岩下の企画により設立された

もので，自身が会長となっている。

　岩下の各社への関与の経緯を概観すると，いくつかに分類される。その中でもっとも注目すべきは，①経営難を理由に関与を深め，株式や資産を取得するというやり方と，②大林などの大阪財界のボスと組んで関与するケースである。上記2つを含めて，北浜銀行の事業会社へ関与のほとんどは，岩下の人的関係のうえに築かれ，人的関係が先行して進められた事業活動という共通性も持っていた。

　その岩下の事業活動を取り巻く人的なネットワークを見ると，原敬や片岡直温らの三井物産時代からの友人，山本丈太郎や飯田義一らの三井物産時代の同僚，三井銀行時代の知己である藤田伝三郎，松方幸次郎，速水太郎らの名が挙げられる。そして，岩下を含むこれらのネットワークは政界財界の大物である井上馨や益田孝を頂点に戴く人間関係を形成していたものと見られる。

　そもそも，北浜銀行の創立が，「大阪株式取引所の仲買人たちの取引のための『機関銀行』銀行を設立」を目的とするというもので，藤田伝三郎の存在なしにはあり得なかったものである。頭取は藤田の実兄，役員の多くが大株関係者という陣容であった。岩下の地位という観点から企業創設活動を見ると，井上・益田らのリーダーシップが存在するケースでは西成鉄道，日本醤油醸造，豊田式織機がある。同僚と同等の地位で関与しているのは大阪瓦斯や広島瓦斯・広島電気軌道である。また，岩下が相対的に優位な立場にあるものとしては箕面有馬電気軌道，大阪電気軌道，電気信託，日本興業，和泉紡績がある。表4-2にある関係会社を見るとき，岩下が多くの企業に対して設立当初から関与していることがわかる。岩下と関係する事業会社とは，当初より，株式保有や設立関係者への資金供与によって強い結びつきを持ち，北浜銀行はそれらの企業への長期固定的な融資や，社債発行への保証などの形でのハイリスクな信用供与を行っていた。

　西成鉄道との関係は「①経営難を理由に関与を深め，……」のケースである。西成鉄道は，1893年，大阪府西成郡商人江川常太郎らによって計画された臨港鉄道であった。1898年に国鉄大阪駅から大阪湾の安治川口まで，1905年には安治川口から天保山まで路線延長されたが，東海道線と大阪港とを結ぶ小貨物鉄道である。政府は敷設当初より，軍事的重要性を指摘し，同鉄道の国

有化をほのめかしていた。同社監査役に鷲尾久太郎がいた。北浜銀行の取締役，第2位株主でもあった。

その鷲尾が，国有化の噂を聞きつけ，親戚や株式仲買人らと謀り，大阪株式所を舞台に同社株の思惑買いに出た。西成鉄道の資本金は1897年に55万円の増資をして165万円となり，1899年までに全額払い込みが終わっていた。同年11月開幕の第14議会において，私設鉄道国有法案や私設鉄道買収法案が提出されたが成立に至らなかった。国有化期待から，1900年2月には70円まで上昇した西成株も，法案不成立が望み薄となるや忽ち大暴落し，同年中に33.5円まで下がった。1899年11月以来株を買い占めていた鷲尾の購入株数は1万株を超えた。だが，払込期限までに資金のやり繰りがつかず，北浜銀行に救済を求めてきた。北浜銀行の役員らは鷲尾救済を決め，鷲尾家所有の動産不動産全部を抵当として多額の融資を実施した。その額約84万円に上り，1902年頃，その貸金の整理のため西成株1万5,000を北浜銀行が保有することになった。

もし西成株と鷲尾家の動産不動産が貸金84万円の抵当として減価著しいとなれば，この貸付は北浜銀行に多額の不良債権を発生させることになる。減価が取るに足らないものであったとすれば，北浜銀行にとっては，いずれは国有化されるという見通しを持っていたから，同社株式を大量に保有することは悪い話ではなかったかも知れない。

北浜銀行はその後も西成株を買い増ししており，鷲尾の西成鉄道乗っ取りを阻止したとの評判は，乗っ取りを利用したと修正されるべきとの疑念も浮上する。北浜銀行は，他の国有化見込みの鉄道株も買い入れており，むしろ同行が鷲尾の持つ西成株の買入れに積極的であった可能性が高い。もしそうだとすれば，株式購入を目的としたリスクの高い資金を融資したうえ，株の仕手戦の末席に陣取るというような，通常銀行がとるとは考えられない異常な行動との見方もできよう。

岩下の表4-2に見る広範な事業会社への関与を支えた，北浜銀行の資金源泉・経営的基盤はどのようなものであったのだろうか。

北浜銀行の資金の大部分は資本金であるが，その他に借入金も高い比重を占めていた。1909年以降になると，資金的にかなりの窮境にあったものと見ら

れ，定期預金が急増し，「他店より借」の比重が異常に高まっている。これはなりふり構わずに集めた高利資金と，為替尻の大幅な借越を利用して，資金的な逼迫を打開しようとしたものと見られる。資金繰りはかなり困難であったのだろう。1907年には，公称資本金の1,000万円への増資を決定している。しかし，払い込みが進まず，大量の失権株を生じ，偽装払い込みを行わざるを得なくなった。『岩下清周傳』には，このことが北浜銀行の破綻の原因のひとつとなったとある。払い込みは第2回，第3回と行われたが，毎回失権株を生じていた。

　資金源泉は逼迫しているにもかかわらず，北浜銀行の貸出金は増加を続けた。これは，岩下の関係会社への貸付の不良債権化とその累積の指標である。また，同行の貸付金・当座預金貸越の担保品構成は，1906年6月期以降，株券の比重が急増し，その他の項目の比重が低下している。とりわけ，国債や不動産の比重の低下が著しい。このような経営難のなかにあっても，北浜銀行は証券業務，とりわけ公社債の募集・引受・受託業務を継続していた。

(5)　北浜銀行の破綻

　1914（大正3）年3月，新聞が北浜銀行の内情を暴露した。預金者らは同行に殺到し取り付け騒ぎとなった。地方の銀行は為替尻の回収に急ぎ出し，大口預金者の取り付けも始まった。同行は，所有株券や公債類を担保に日本銀行より融通を受けつつ，その場その場を切り抜けてきたが，ついに収拾かなわず破綻した。経営責任をとって岩下清周は頭取を辞任した。破綻の直接の引き金は才賀電気商会の救済および大阪電気軌道優先株発行の失敗にあった。

　さきに，日本興業と電気信託とは才賀電気商会の救済のために設立された会社だということを述べた。才賀電気商会は，80社を超える電力・電鉄事業を支配して，電気王といわれた才賀藤吉の経営する企業である。

　岩下は，福沢桃介とともに，電力事業への投資をもくろむインベストメント・トラストのような企業の設立をも企画していた。北浜銀行の口座貸越担保中の株券の割合が7割を占め，他店借りが180万円を超えてピークに達した時期である。北浜自身の資金繰りが非常に厳しい状態にあった。才賀電気商会は明治43年恐慌のあおりを受け，1912年9月，1,000万円の負債を抱えて倒産

の危機にあった。福沢が電気信託から手を引いたため，岩下は自らが社長となり，専務の速水太郎に大林芳五郎，郷誠之助，志方勢七，山本丈太郎，松方幸次郎らを加えて開業した。業務はもっぱら才賀商会の救済であった。才賀に対する融資の大部分が株式担保によるものであった。融資実施後も才賀の経営はいっこうに改善することはなかった。それは徐々に電気信託の能力を越えるものとなっていった。

大林芳五郎の判断によれば，事態は，「才賀商会の窮境が導火線となって北銀に波及する」というところまできていた。電気信託の仕事を引き継ぐため，1913年，日本興業が設立された。同社の経営陣は社長が岩下，速水が専務でその他の陣容も電気信託と同様のものであった。同社は，才賀電気商会の営業および資産・負債を引き継ぐことになり，「株金は発起人において一時取り替え払い込み」を行い，別途社債を発行することになった。債権者には日本興業の株券か社債を交付して，それに応じない場合担保品を処分することにした。また，大口債務に対しては2年間の据え置き後5年以内に償還することにした。岩下は，才賀商会の破綻が北浜銀行の破綻へと波及するかも知れないとの予見を持っていた。それゆえ，才賀の経営危機は岩下にとって放置できるものではなく，岩下グループにとっても最重要事項であった。しかし，才賀救済の努力は，北浜銀行がさきに破綻にしたことで終止符が打たれた。

北浜銀行破綻時の負債額は，総計765万円を超えるものであった。これまで見てきたように，不良債権が累積した原因は，岩下の放漫な貸出政策にあった。

北浜銀行の破綻直前の株主は，第1位には7,000株の藤田組と大林芳五郎，次に5,300株の谷口房蔵，第4位が岩下清周の4,720株となっている。北浜銀行は取引所の「機関銀行」として設立され，取引所関係の預金取扱いや決済資金を提供してきた。しかし，それらの役割は少しずつ後退して，破綻直前には，岩下の関係企業や北浜銀行大株主の経営する事業会社への大口融資が太宗を占め，それらがまた不良債権化し，同行の体力を弱めることとなったのである。

北浜銀行は片岡直輝，永田仁介，土井道夫らの手で整理が付けられ，1914年12月営業再開した。整理の過程で，岩下のリスク管理能力の欠如や決算操

作や各種粉飾を重ねる乱脈経営などが明らかとなった。

岩下は，大株仲買人らの投機筋と親密な結びつき，北浜銀行を舞台に，彼らの思惑に先導された投融資を重ねた。それらのハイリスク投資が不良債権化しても，損切りができずハイリターンをねらってどこまでも救済にこだわるという，投機家的思想が岩下を支配していたように思われる。そう考えると，北浜銀行が行った大阪電気軌道や箕面有馬電気軌道などへの融資が，この投機的発想から出たものだということになり，岩下の企業家的側面の評価をいっそう難しくしている。

おわりに

松本重太郎と岩下清周はともに，松方デフレ後と日清戦後および日露戦後の3企業勃興期のいずれかの時期に活躍した銀行家であり，形の上ではまさに「企業勃興の牽引車」であった。

松本が設立に関わり社長も務めた大阪紡績は後の三重紡績との大合併を経て東洋紡績となり，今日に至っている。また，「アサヒビール」の大阪麦酒も松本が設立に力を注いだ企業である。同社は，後に日本麦酒，札幌麦酒との3社合併を経て大日本麦酒となったが，戦後分割されて朝日麦酒と日本麦酒となった。現在の朝日麦酒株式会社とサッポロビール株式会社である。この他，設立や経営に関わった多くの鉄道のなかには，山陽鉄道のように国有化されて日本の大動脈を形成したもの，関西を代表する私鉄となった南海鉄道がある。

岩下が設立や経営に関与した企業にも，近畿鉄道の前身大阪電気軌道や阪神急行の前身箕面有馬電気委軌道をはじめとする鉄道企業や，ガス会社の大阪瓦斯，広島瓦斯など今日大企業となって残っている企業が多数ある。

松本の百三十銀行と岩下の北浜銀行は，これら企業の設立とその後の経営に深い関わりを持ったが，それら企業が両行に対して資本的支配を持つような地位にあったわけではない。そうした意味で，百三十銀行や北浜銀行は特定の資本や企業の機関銀行であったことはなかった。松本や岩下の企業活動のために利用された「機関銀行」という性格がより濃厚である。

彼らの行動を観察すると，同一人のなかに銀行家と起業家，銀行家と投機家

という，ときには相反する判断が必要なふたつの異なる性格が同居し，様々な矛盾を生み出していったように映る。その最たるものが，リスク管理の判断がほとんどできない，あるいは混乱しきっていた点に反映されている。それが，経営する銀行を破綻に追い込み，関係先に多大な被害を及ぼすことになった。それが，2人の評価を著しく下げている要因でもあろう。

2人に共通する問題点は，①自らが頭取を務める銀行を自分の企業活動に徹底的に利用し，②取引にあたっても十分な精査が行われていたとは言い難く，むしろ人間関係の情実が先行した放漫取引を繰り返し，③関係企業の経営難に対処する場合でも企業家として改革や事業縮小・撤退を考えるのではなく，弥縫策を重ねながら失敗を拡大して，④最終的には行員の規律も緩み，銀行破綻を早めてしまった点にあると言えよう。

虚業家を研究する小川功［2002］によれば，破綻資本家等に共通してみられる一般的な性向や行動パターンとして，①企業・金融機関等への支配欲，②投機的性向，③資金固定化性向，④行主・オーナーの虚飾性・虚業家的性向，⑤不良債権発生の蓋然性，⑥結果としての資金調達の困難化・資金繰り逼迫などに集約・類型化できるのではないかという。こうした性向や行動パターンのほとんどが松本や岩下にも当てはまると思われるが，当時の企業家といわれる人々の多くにもこのような性向や行動パターンのいくつかを発見することは難しくない。松本と岩下に特徴的なのは，これら全ての点が当てはまるということ，さらに，彼らが支配した銀行が，大阪を代表する銀行のひとつであったことだろう。それゆえ，彼らの成功も失敗も，功も罪も日本資本主義の発展過程のなかに位置づけられ，評価されてきた。だからこそ，松本重太郎や岩下清周の活動をたどることが，当時の人々の，日本資本主義の発展を切り開いていこうとする時代の息吹のようなものを間近に感じさせるのであろう。

さらに付け加えるならば，松本や岩下の冒険的な起業および投資行動が単独で行われたものではなく，大阪財界を代表する大立者，あるいは同様な投機家連と共に行われたことに注目する必要があろう。本稿は，日本資本主義の初期に彗星のごとく登場した2人の銀行家が今日まで続く大企業を生み出しながらも，否定的な評価のみが残ってしまった背景をたどるものであった。全体としての評価を変えることはないとしても，彼らの果たした役割をさらに確定する

には，新奇の分析視角や新発見を交えたさらなる考察が加えられる必要があるのだろう。

〈参考文献〉

○テーマに関連して

石井寛治［1998］『日本の産業革命』朝日選書。

小川功［2002］『企業破綻と金融破綻―負の連鎖とリスク増幅のメカニズム』九州大学出版会。

小川功［2005］「企業家と虚業家」，企業家研究フォーラム『企業家研究』第2号。

加藤俊彦［1983］『日本金融論の史的研究』東京大学出版会。

高村直助［1992］『企業勃興：日本資本主義の形成』ミネルヴァ書房。

滝沢直七［1912］『稿本日本金融史論』有斐閣書房。

宮本又次［1960～63］『大阪商人太平記』創元社。

宮本又郎・阿部武司編［1996］『日本経営史2 経営革新と工業化』岩波書店。

○松本重太郎について

石井寛治［1997］「百三十銀行と松本重太郎」東京大学経済学会『経済学論集』63巻4号，2～36頁。

小川功［1991］「明治期における社債発行と保険金融―主要鉄道・工業等10社の事例研究」生命保険文化研究所『文研論集』第97号，12月，25～92頁。

小川功［1992］「明治期の私設鉄道金融と鉄道資本家」『追手門経済論集』第27巻1号，4月，19～84頁。

城山三郎［2000］『気張る男』文藝春秋。

瀬川光行編［1893］『商海英傑傳』大倉書店。

祖田浩一［1999］「一代で興亡を体験した実業家松本重太郎」『歴史と旅』第26巻15号，秋田書店，10月，286～295頁。

松本翁銅像建設会［1922］『雙軒松本重太郎翁傳』同会発行。

○岩下清周について

伊牟田敏充［1868］「岩下清周と北浜銀行」同著『明治期金融構造分析序説』法政大学出版会。

小川功［1998］「明治30年代に於ける北浜銀行の有識版と西成・唐津鉄道への大口融資」『滋賀大学経済学部研究年俸』第5巻。

小川功［2003］「『企業家』と『虚業家』の境界」『彦根論叢』第342号。

海原卓［1997］『世評正しからず：銀行家・岩下清周の闘い』東洋経済新報社。

故岩下清周君傳記編纂會編［1931］『岩下清周傳』同会。

西藤二郎［1981］「岩下清周の経営理念をめぐって」『京都学園大論集』10(1)。

西藤二郎［1982］「岩下清周と北浜銀行」『京都学園大論集』10(2)。

　本稿は，拙著「1　企業勃興を牽引した『冒険的』銀行家」（宇田川勝・法政大学イノベーション・マネジメント研究センター編『ケース・スタディー　日本の企業家群像』文眞堂，2008年，所収）を加筆修正したものである。

　なお，本稿加筆修正の過程で，神戸大学，大阪企業家ミュージアムへの訪問調査を実施した。調査の実施費用は，科学研究費助成事業（学術研究助成基金助成金）基盤研究(C)平成23-25年度課題番号23530417「インサイダー・レンディングと機関銀行─産業革命期企業金融に関する日米比較研究─」（研究代表者黒羽雅子）からの支弁によるものであることを記して謝したい。

第3部
証券業・保険業の創成

第5章

山一証券・野村証券の誕生
―小池国三・野村徳七―

野村千佳子

■ はじめに

　日本における戦後の証券業務は，職能的に自己売買業務，委託売買業務，引受業務，売捌業務の4つに大別されるが，戦前は仲買人（取引員），現物商，公社債業者のように取扱商品別に業態が多様であり，職能分離がされていた[1]。本章では，戦後の寡占状態を築いたかつて四大証券，すなわち野村証券，大和証券，日興証券，山一証券の総合証券のうち，証券業への参入が早く，終戦時に最大の業者であった山一証券の創始者小池国三と，証券業への参入が比較的後発でありながら，戦後最大の証券業者となった野村証券の創始者，野村徳七の企業者活動についてみていく。

　小池国三と野村徳七の2人ともリスクの高い証券業界にあって，それぞれ個人商店にて，それぞれ株式仲買人または現物商として堅実な商いを行い，成功を収めた。その後，海外視察に参加し，アメリカの証券市場と証券業者の現状を見て，当時の日本の証券業者が「株屋」や「相場師」などと蔑視されていたのとは異なり，アメリカの証券業者がアメリカの経済に貢献し，その社会的地位が高いことに感銘を受けた。彼らはそれぞれ，日本の証券業の近代化を目指し，証券業者の社会的地位の向上を志すことになる。

小池国三

1 小池国三の生い立ち

小池国三
（出所）高須芳次郎［1829］『小池国三伝』。

　小池国三は1866（慶応2）年，甲府の柳町に，父浅川友八（二代）と母よしとの間に，六男一女の五男として生まれた。幼名を国五郎といい，10歳の時に国三と改め，19歳で小池家に養子入りし，小池国三となった。

　祖父の初代浅川友八は，現在の北杜市白州出身で行商に成功し，甲府で袋物屋の井筒屋（または錦袋堂）を開業し，小間物をも扱った。同店は工夫をこらした製品の開発や広告活動などで新機軸を打ち出し，繁盛していた。だが，初代は一人息子を18歳で失い，幼い善次（二代友八）を養子として迎えたが，15歳の彼を残して死去した。彼はあまりに大切に育てられた上わがままなところがあり，家業を学ぼうとする矢先に養父を失ったため，店務についても関心を持てず，家業を人任せにして，浅川家の家運は傾いていった。国三が生まれた頃にはすっかり貧しくなり，兄弟も多く，家計がかなり苦しい状況であった。

　国三の父，二代友八は正直，廉潔で，人と争うことを嫌い，子供たちへの慈悲心から「もし喧嘩を売られたら，必ず負けてくるがよい。そうすれば，決し

て間違いはない」と言うような人であったが，子供たちに厳しく勉強をさせた。母よしは温和で勤倹質素で，不運な中にあっても，一家を支えた。国三はこの母の影響を強く受け，それは彼の性格のみならず，事業展開にまで及んでいる[2]。

2 若尾逸平の下で

　浅川国三は 1876（明治 9）年，柳木小学校の下等第一級を優秀な成績で卒業し，国三を学問の道に進めさせたらよいとの教師の推薦により，上等小学 8 級（新制中学 1 年）まで進んだが，翌 10 年に退学した。国三は自ら学問を続けるよりも，実家の貧しさもあり，社会に出て身を立てていくことを望んだのだった。彼は京浜地方に行きたいと考えたが，両親の意向もあり，甲府に残ることを決め，知人の紹介により，1878（明治 11）年，13 歳で甲州財閥の筆頭格，若尾逸平の若尾家で奉公することになった。当時，若尾家では，その財をなした生糸関連事業から撤退しており，土地経営と金融業がその主要産業となっていた。

　1881（明治 14）年，国三は 16 歳で番頭に出世し，若尾の地所部と両替部で勤務することとなった。当時，国三は貿易商を志しており，西洋の商業地理や貿易事情を研究し，「必携」と名付けた手帳に綴っていた。その一方，人格修養についても考えており，16 歳のときには「緊要録」を書いた。その中で，商人道徳の要領として，一、商人は活発を尚ぶべき事，二、愛嬌を旨とすべきこと，三、信義を守ること，四、温厚なるべき事，五、交際を重んずべき事，の 5 項を記している[3]。

　国三は若尾の地所部における，小作人からの年貢の取り立てという仕事に不満を抱き，貿易に携わりたいという思いに駆られ，1883（明治 16）年，東京・横浜へ出奔し，連れ戻される。1884（明治 17）年，国三は若尾逸平の取り計らいで，甲府市穴山町の大工，小池新助の養子に入った。

　1885（明治 18）年，若尾が事業展開を自重していたところもあり，国三は自分の目指す方面の商売の修行ができず，大切な青春の一日一日がもったいないと思えて耐えきれず，2 度目の出奔をするが，半月で連れ戻されてしまっ

た。「ここを出て有力な豪商の番頭になりたかった」と若尾逸平に対して正直に述べたところ，若尾は怒ることなく，「私は新たな商売に乗り出すから，自分の片腕になって働いてくれ」と言い，国三を自分付の番頭，今でいう秘書のような地位につけた[4]。若尾逸平は国三に若き日の自分と重ね合わせていたのであろう。彼は国三の才をかっており，できれば自分の後継者にしたいとまで考えるほどであった[5]。やがて，小池国三が独立して活躍するようになると，彼が若尾の出身であることを誇りに思っていた。

その後，若尾逸平は国三を自分の片腕として，生糸の買い付けのために甲府―京浜間を往復させた。また，鉄道株や銀行株の売買のために兜町の株式仲買店に頻繁に出入りさせた。

1888（明治21）年，若尾逸平が横浜正金銀行の頭取に就任すると，当時23歳であった国三に秘書として自分の補佐役を務めさせた。そこで国三は銀行の機能や役割について学んだ。1989年，若尾が甲府市長に就任し，1990年に貴族院議員に就任すると，国三も随行し，伊藤博文や大隈重信等，中央政界とのつながりを築くことができた。そのことが後の経済人としての道につながっていった。1893（明治26）年，国三らの立案に基づいて山梨貯蓄銀行（後の若尾貯蓄銀行）が設立された。このように小池国三は若尾財閥のファイナンスの部分を担当することによって，銀行業，株式・公社債といった証券の売買や投資，事業および産業の育成について学んだのだった。

また，若尾逸平と行動を共にし，その片腕として働くうちに，国三は彼の仕事ぶり，生活ぶり，思想等，彼の流儀を学んだ。

「蓋し逸平翁は事業を営むに当り，必ず国家のことを念として，徳義と信用を重んじ，また如何なる場合にも，財界の趨勢を大所，高所から洞察すること忘れなかつた。また翁は他人の成功を見て我事のやうに喜び，寛容の心で部下を愛撫した。国三は平生親しくそれらを見て，私淑し，事業に従ふ場合，翁と酷似した点が多かつた。それはつまり，翁の精神を忘れなかつたによる。」[6]（高須芳次郎『小池国三伝』）国三は後年，「逸平翁を現代的にしたような人」といわれるようになったという。

国三は独立し，小池国三商店を開店するが，その商標――そして山一証券の社名・商標となる「山一」（㊀）は，若尾家の商号の「山市」（㊂）から名付け

た。国三は若尾逸平への感謝の念を終生忘れなかった。山一には国三の故郷山梨の，富士山への思いも込められている[7]。

3 小池国三の独立，小池国三商店の開店

(1) 鉱山経営と小布施商店での修行

明治27年，国三が29歳のとき，若尾家から独立を許され，16年間の勤務の功労を認められて，現金1,700円と東京馬車鉄道株10株の破格の退職金をもらった。

独立後も国三との縁を保ちたい若尾逸平は，自分の代理として山梨県早川町の金鉱山，鉱慶鉱山の経営を国三に託した。懸命に操業するものの経営は立ちゆかず，鉱石の品位の低さゆえに国三は操業停止の決断を下すこととした。この経験によって，国三は難事業でも耐えられる土台を築き，部下の統御，心身鍛練の呼吸を知った[8]。

1895（明治28）年，鉱山事業の中止から3ヶ月後，国三は単身上京し，東京株式取引所（東株）仲買人として有名であった小布施新三郎の店，小布施商店で株式業の見習い実習を行った。国三は10年近く若尾の命で兜町に出入りし，取引のある，当時信用のあった商店を度々訪れていた。株式仲買人への進出について若尾逸平の賛助を得ることができた一方で，株式仲買を危険視し，より堅実な仕事が望ましい，と母よしは反対した。彼は母に対して「株も危険な商売に違いないが堅実な方法を使えば，危険を少なくし，比較的利益が多い」と説き，「相当の資産を作ったら，できる限り早く転業する」と誓い，安心させた[9]。

小布施商店では，国三はほかの店員とは違い，半ば客分の取扱いを受けて働いた。国三は若尾家にいた関係で，甲州財閥系をはじめとして有力な実業家を相当知っていた上，自身の財産も利殖して5,000円ほどになっていて，一目置かれていた。主要顧客である甲州財閥による東電株の買い占めは，彼らに莫大な利益をもたらした。また，一般的に株式店員の中には一攫千金を夢見たり，酒色におぼれたりして身を持ち崩したりする人が多かったが，品行方正な国三は小布施新三郎から厚く信頼され，2万円の範囲内での株式の売買を許され

た。

(2) 小池国三商店の開業

1897（明治30）年，小池国三は仲買人の免許を取得し，兜町に小池国三商店を開業した。従業員も少なく小さい商店であったが，小布施商店時代に開拓した得意先に恵まれ，多忙を極めた。朝6時から活動を始め，ほとんど休憩する時間もなく夜12時頃まで働き続けた[10]。自分の資産の運用と小布施商店からの手数料割戻金などの収入を蓄積し，開業当時の資金は1万4～5,000円あったといわれている。

小池国三商店の営業方針は，「即日即行主義」と「信用第一主義」であった。前者は「その日の仕事はその日のうちに片付ける」というもので，若尾家に使えた時代から若尾の感化により，それを欠かしたことはなく，しばしば徹夜してもやり遂げた。

後者の「信用第一主義」はどの時代のどのビジネスにも共通する理念であるが，ことに当時の証券業界においては格別の意味があったといえる。当時の兜町は相場街化しており，仲買人の中には投機思惑をする者や，商業上不道徳とされる呑み行為を常に行って憚らない者が少なくなかった。その結果，相場の変動時の波乱で破産者が続出し，顧客に迷惑を及ぼすことが多かった。自ら信用を破壊するような行動をとり，自省しないようにさえ思えた。そこで，国三はそれらの弊害を知って，兜町の品位を高めたいと考え，信用第一主義を標榜するとともに自ら進んで，「顧客本位」を主張し，得意先に安心を与えようとすることに全力を傾けた。国三は開業披露の手紙に，次のように記している。

「弊店は顧客本位をもって営業方針とするか，飽迄顧客の利益を旨とし，決してそれに背くやうな行為はしない。が，弊店の主眼とするところは単に顧客の利益を計りたいと云ふのではなく，実は弊店の利益を増進し，発展を計らんとするにある。それには第一に顧客の信用と後援によらねばならぬ。それで弊店の繁盛を希（こいねが）ふとすれば，勢ひ顧客本位たらざるを得ぬ」

このような顧客本位の経営方針に基づき，国三は店の勘定においても，店員の個人においても株式の投機的売買を厳禁した。万一これを破る者があれば解雇する，という店則を設けた[11]。それとともに，顧客の秘密厳守も徹底させ，

有力顧客からますますの信頼を得るようになった。

　小池国三商店は甲州系の顧客など大口顧客をつかみ，事業を拡大することができた。開店 5 年目の 1902（明治 35）年には，東京株式取引所に納入した手数料，すなわち取引高のベスト 5 入りするまでにもなった。その後もトップクラスを維持し，日露戦後の株式ブーム期に株式取扱を急増させて，一流仲買店としての地位を確立した[12]。

　国三は投機的売買のような相場師流の商売を避け，堅実な商売を心がけていた。だが，その収入は株式売買の手数料からだけではなく，利鞘商法（鞘取り）から取得し，蓄積していた。鞘取りとは，市場価格の開きを利用して売りと買いを同時に行う裁定取引のことで，例えば同一銘柄の市場間の価格差や受

表 5-1　小池国三商店の東京株式取引所への納入手数料と順位

(単位：円)

年　期		納入手数料	順　位	年　期		納入手数料	順　位
1902 年	上	11,816	5	1910 年	上	65,056	2
	下	6,246	4		下	60,907	1
03	上	7,983	4	11	上	32,261	4
	下	10,086	3		下	43,627	6
04	上	12,399	5	12	上	43,102	5
	下	…	…		下	47,446	3
05	上	19,761	4	13	上	47,143	4
	下	34,716	2		下	41,121	1
06	上	53,771	3	14	上	38,391	2
	下	57,166	4		下	30,621	1
07	上	86,475	4	15	上	28,234	1
	下	26,386	5		下	42,337	1
08	上	19,106	9	16	上	77,414	1
	下	23,070	6		下	79,563	1
09	上	39,498	4	17	上	54,975	2
	下	46,940	3				

（注）1917 年 4 月に廃業しているので，1917 年上期は廃業までの納入金額。
　　　順位は 1 期全体のなかでの仮の順位。
　　　　　粕谷誠・伊藤修・橋本寿朗［2011］『山一証券 100 年史上巻』日本経営史研究所。
（出所）東京株式取引所『営業報告書』。

渡期日の異なる同一銘柄の価格差を利用するものである。とくに株式取引所での定期取引や長期清算取引において行われた。受渡期日には，3ヶ月限月ならば，当限（取引日の月末），中限（翌月末），先限（翌々月末）の3つがあり，例えば，仲買人が差金決算で，当限と先限との価格差で利益を出そうとするものである。実際に利益を上げるのは難しいが，投機思惑に比べ，鞘取は比較的安全であり，国三は綿密な計算のもと，確実に利益を上げていった。日露戦争後のブームでは鞘取を最高度に利用したが，証拠金（契約の履行を確かにするため当事者の一方から相手方に提供する担保の金銭のこと。敷金）の納入に苦労したので，鞘取の金額に資力相当の制限を設けてリスクを軽減した[13]。だが，鞘取は比較的リスクが低いとはいえ，小池国三商店は顧客の投機的売買に巻き込まれ，3度の重大な危機を経験した。

　明治31年の北海道炭坑株買い占め事件，明治33年の豊川鉄道株買い占め事件，明治40年の馬場金助破綻事件，の3回である。当時は株式の公募発行がなかったので上場株式のみが売買されていた。鉄道株，紡績株などが大株主や仲買人たちの間で投機の対象となり，彼らは人気株の買い占めを行ったり，対抗者の裏をかいたりしていた[14]。鞘取商法に徹する物堅い国三もそれらに翻弄されてしまった。とくに古くから取引関係にあった銀行の重役であった馬場金助の破綻事件では，80万円もの巨額の損失を出し，国三は店の信用を傷つけないために，しかたなくその損失の負担をしたのだった。だが，日露戦後の株式ブーム期でそれを上回る利益を上げることができ[15]，小池国三商店は大きく発展した。小池商店は，株式の定期取引の他，実物・国債取引においても，東株仲買人の中で上位を占めるようになっていた[16]。

4 小池合資会社

(1) 小池合資会社の設立

　小池国三商店の開店から満10年になる1907（明治40）年，小池合資会社を設立した。営業目的は①有価証券の現物売買，②金融の仲介，③信託事務取扱であった[17]。出資金100万円のうち，小池国三が67万円を出し，無限責任を負い，弟2人を含む7名が出資した。旧小池商店の社員が国三の融資を受け，

一部出資社員となっている。従業員の責任観念を強固にするために出資社員に加えたのだった[18]。

会社の綱紀を引き締め，規律を正しくするため，小池合資の設立に当たり，従業員に次のような内容の誓約書を提出させた。その内容は，「忠実誠意を旨とし，会社の利益増進をはかること，各自共同して決して和を乱すような行動をしないこと，営業上の秘密を守ること，会社の営業において自己の投機思惑売買などは厳禁すること」となっており，小池商店時代の営業方針を踏襲するものであった。

さらに，証券業者が株屋と蔑視されている中，優秀な人材の採用・育成の必要性に早くから自覚していた国三は，銀行員・新聞記者・大学卒業生などを採用し，経営の近代化をはかるとともに社会的地位の向上を目指した[19]。

(2) 渡米実業団への参加

小池国三は1907（明治40）年に東京商業会議所議員となり，1909（明治42）年，アメリカの太平洋沿岸連合商業会議所が日本の実業家・貿易専門家を招待した，渡米実業団のメンバーに選ばれた。8月から12月の4ヶ月にわたる視察旅行で，北米大陸を往復した。ニューヨーク証券取引所を訪問し，取引所が会員組織から成り立ち，仲買人の社会的地位の高いこと，証券発行においても銀行と並んで株式仲買人の影響力が強いこと，株式仲買人がコールの大きな取り手であることなどに感銘を受け[20]，このことが彼の以降の業務展開に大きな影響を与えることになった。ちなみに，野村徳七の親友である，大阪の株式仲買人の岩本栄之助も同じ渡米実業団のメンバーであり，アメリカの富豪が公共事業や慈善事業に寄付を行っていることに感銘を受け，彼の渡米中に亡くなった父の供養のために大阪市に100万円の寄贈し，大阪市中央公会堂が建築された。

また，小池国三が留守中の従業員に残した5条からなる「心得書」は，戦後も山一証券の社訓として引き継がれ，その精神は最後まで受け継がれてきた。

(3) 公社債引受業務への進出
4 分利公債の下引受

　日本では証券業者が株屋とか相場師と蔑視されているのに対し，証券業者がアメリカの産業を育てる役割を持ち，アメリカの産業を背負っていることに深い感銘を受けた小池国三は，証券業者の地位の向上のために，新規事業に乗り出した[21]。国三は，渡米以来，「フィナンシア（金融業者）」——公私の事業体の資金調達と一般投資家の資金運用を仲介する，「インベストメント・バンカー」[22]を目指すようになり，それへ向けての業務の拡大ともいえる。森泰博の研究によると，明治44年頃，当時各方面で論じられていた「フィナンシア（フィナンシア，フィナンシャー）」のアメリカにおける具現像が投資銀行（インベストメント・バンク）で，その業務は顧客企業の新規発行有価証券の引受・仲介，企業の設立・合併・再編成・清算の仲介，および引き受けた証券の顧客投資家への売却，受託資産の運用であった[23]。

　日露戦争の戦費をまかなうために発行された5分利公債約5億2,000万円の償還期限がくるのに際し，桂内閣は，1910（明治43）年，4分利公債に借り換える方針を出した。借款債の発行の方法として，従来の直接募集のほかに，銀行シンジケートによる引受発行も行われることなった。日本銀行の他東西15行の有力銀行による公債引受シンジケートが組織され，2月の第1回4分利公債の発行が，銀行シンジケートによる公債引受の初めてのケースとなった。渡米以来，証券業者による国債引受を目指していた小池国三は，東京の株式仲買人の福島浪蔵（福島商会，後の山叶証券）と神田鎬蔵（紅葉屋商会，後の神田銀行）に声をかけた。シンジケート銀行団幹事に対して，「欧米では，公債発行は株式仲買人が関わるものである」として，自分たち証券業者のシンジケートへの加入と1,000万円の引受を希望した。元引受はかなわなかったが，証券業者が下引受を行うことが認められ，これによって証券業者による証券引き受け業務への道が開けた[24]。国三にとっては，仲買人の活動範囲を広げ，その社会的地位を高めることが本来の目的であり，損得は度外視していた[25]。

社債・株式の元引受

　明治41年からの金利の低下により，民間の起債が盛んになった。1910（明治43）年，小池合資では資本金50万円以上の全国の事業会社に起債勧誘状を

送った。それに最初に応じたのは，甲州財閥の1人雨宮敬次郎を社長とする江之島電気鉄道だった。27万5,000円の社債の発行であったが，小池合資にとっては初めての社債元引受だったので大事をとり，横浜の左右田銀行と共同引受の形をとった。

企業規模の拡大と大資本化の進行に伴って株式の新規発行や増資新株の発行が相次ぎ，小池合資も株式の引受業務にも進出した[26]。1912（明治45）年，芸備軽便鉄道の設立にあたって，福島，紅葉屋商会とともに引受シンジケートを結成して引受募集を行った。これは，証券会社が新設会社の公募株式を引き受けた初めてのケースとなった。

仲買業界への貢献

小池国三は仲買人，ひいては証券業者の社会的地位の向上を目指し，引受業務への道を開くなど証券業の近代化に貢献してきた。小池国三商店が開店してわずか4年目の1901（明治34）年に，東株仲買人組合の委員に選出された。早くも国三の人望が高まり，同業者の中で重きをなすようになってきたことを象徴している。

翌35年，勅令によって株式定期取引の限月が3ヶ月から2ヶ月に短縮される，限月短縮令が出された。限月が投機取引の妙味を減退させるとして，株式取引所と証券業者の反対運動が展開され，東株仲買人組合は勅令実施延期期成委員に選出され，運動を推進した。だが，勅令が実施され，その結果株式市場が大暴落し，売買高減少などの大打撃を受けた。彼は官・財界重鎮たちの理解を取り付け，36年に勅令が改正され，限月が3ヶ月に戻った[27]。

1914（大正3）年には東京株式取引所仲買人組合の委員長に就任し，仲裁委員長の代理にもなり，兜町から身を引く前年の1916（大正5）年まで勤めた[28]。辞任直後，ドイツ皇帝が第一次世界大戦の講和を提議したとの報により，株式相場が急落した。混乱収拾のため，市場救済融資と建玉整理が決定されたが，後者のための乗り換え資金調達を，仲買人小池国三他3名の連帯責任による仲買人シンジケートを組織し，日銀他3行から救済融資を受けることで解決した[29]。また，これは暴落後の処理を解け合いという形でした最初の大きなケースであった[30]。

5 小池銀行と山一合資会社

(1) 小池国三の兜町勇退

1917（大正6）年，小池国三は仲買人を廃業し，小池合資を解散した。一流仲買店の絶頂での突然の廃業であった。だが，彼にとって廃業は創業以来の宿志であった。株式仲買業で相当の資産ができたら転業するという母との約束があり，開業20年目をその機会としたのであった。国三自身，株式仲買業は波乱起伏盛衰が激しい危険なもので，細心の注意をもってしても，いついかなるときに災難をこうむるかわからないものと考えていた[31]。

国三は人生訓「腹八分」，すなわち「欲はすべて八分目で止めるべきだ」という考えを持っていた。好景気はさらなる利益を得るチャンスでもあったが，好景気の時に廃業し，事業整理は好景気の途中でするのがやりやすいと考えた。小池合資の解散にあたって，解散後に決済日がくるような定期取引の注文は受けないようにして整理した。

小池合資会社は，国三の片腕のような存在であった杉野喜精をはじめとして残された社員たちによって，同6年，山一合資会社として再出発する。山一合資会社は資本金100万円，従業員40数名で発足した[32]。営業目的は，有価証券の売買と公債・社債・株式の引受・募集である。山一合資は商標，建物，顧客，従業員のほとんどを小池合資から引き継いでおり，小池合資とまったく同一目的，同一規模の会社として開業した[33]。

国三は苦労をともにしてきた店員のことを気にかけていた。店員たちが将来最も生活基盤を確保していく最善の方法は，多年の経験を持つ事業を共同で継続していくことだ，と国三は考え，杉野らの意見を聞いて，新しい会社の設立に最大限の援助を惜しまなかった[34]。当初，山一の商標は「自分が第一線から退いても○の商標は誰にも譲らない。うっかり譲って○の名を汚されるようなことがあっては，20年間の苦労も水の泡になる」と言っていたが，店員たちの将来を思い，譲ることにした。

国三は資本金38万円を出し，最大の出資者であったが，有限責任社員に止まり，山一合資の経営には関与しなかった。無限責任社員として社長となった

杉野喜精が経営を行うことになった。公社債が社業の中心となり，堅実経営であった。

(2) 小池銀行

小池合資を解散した小池国三は，1911（明治44）年に買収した商栄銀行の経営に従事することになった。元々の資本金30万円に，増資を行い，1917（大正6），公称資本金300万円，払込資本金165万円とし，「株式会社小池銀行」と改名し，店舗を丸の内に移転した。小池銀行は営業目的として通常の銀行業務一般を掲げたものの，公社債の引受募集を小池銀行の中心業務として重視していた。頭取である国三の「銀行預金は一種の無担保の借金であり，自分は無担保の借金はしない主義である。無担保の借金を突然，回収されたときには大変なことになる」という独特の考えに基づき，預金を取り扱わなかった。恐慌期の銀行取付のような危機を回避しようとしたのだ。引受業務にともなう必要資金は，優良証券を担保とする借入金によってまかなった[35]。また，急激な拡大を避け，引受の対象を厳選した。小池銀行の経営方針は，堅実経営であった。

昭和3年，銀行法が施行された。これによって，銀行業務は預金受入，金銭貸付，手形割引，為替取引などとされた。有価証券の引受，売買，取次は「付随業務」とされ，それを主体とする銀行の場合は，証券部門を独立させるか，銀行部門を切り捨てなければならなかった。そのため，1930（昭和5）年，資本金300万円で小池証券を発足させた。のちに小池銀行9年に小池証券に合併される。

一方，山一合資会社は1926（大正15）年，発展的に解消し，株式会社に改組し，資本金500万円で，山一証券株式会社として発足した。1942（昭和17）年，戦時体制で証券会社の合併が不可避となり，山一証券と小池証券とが対等合併し，新会社，山一証券株式会社となった。同時期に，大和証券や日興証券も合併を経て発足した。

6 小池国三と社会貢献

　小池国三は株式界を引退してからは，実業界で活躍した。東京電灯取締役・若尾銀行監査役・東洋モスリン取締役等を勤め，東京株式取引所監査役・同理事や東京イーシー工業・武蔵電気鉄道・九州炭砿汽船の取締役，富士製紙・帝国ホテルの監査役などに就任した。1922（大正11）年には東京瓦斯社長に就任し，さらにその後も日本工業倶楽部理事，富士水電・樺太鉄道の取締役となり，24年には帝国経済会議議員に任じられるなど，各界で活躍した[36]。

　東京瓦斯の社長として1923（大正12）年，関東大震災での復旧事業に取り組み，「即日即行」の精神で精力的に取り組んでいたが，国三は大正13年に体調を崩し，翌14年に他界した。

　国三は教育事業や福祉事業にも尽力した。兜町を引退した1917（大正6）年，5万円を提供して財団法人小池育英会を設立した。同育英会は，中学またはこれと同等の学校を卒業し，さらに専門学科を学ぼうとするものに学資を貸与することを目的としていた。国三の自らの自立心に即した信念に基づき，学資を受ける学生の自尊心に留意し，あえて学資を給付ではなく貸与とした。その他，教育機関への寄付・寄贈を行った。国三は社会・公共のためには惜しむことなく寄付に応ずるものの，釣合というものがあり，身分不相応なことをしてはならない，と終生自戒していたという。

　国三は死去するとき，公共事業のために50万円の寄付を遺言した。嗣子厚之助は，帝国学士院へ30万円，奨健金への基金として15万円，郷里の山梨の運動場建設基金として5万円を寄付した[37]。

野村徳七

1 野村徳七の生い立ち

野村徳七
(出所) 村上順次編『野村得庵』。

　野村徳七(二代,幼名信之助1878～1945)は,1878(明治11)年,大阪市農人橋で小規模な両替商を営む父野村徳七(初代,幼名徳松)と母多幾との間に生まれた。5男2女の次男(長男と4男は夭逝)であり,下に実三郎と元五郎という弟がいた。初代徳七は大阪河内出身で,越前藩と取引のあった本両替,大阪屋弥兵衛(通称大弥)のもとで,11歳の時より奉公していたが,主家の没落・廃業に伴い,1872(明治5)年,同じく奉公人であった多幾と結婚し,独立し,野村徳七商店を開業した。零細な銭両替であったが,夫婦2人の努力で地道に商店を成長させていった。

　野村商店では,初代徳七が得意とした古金銀の鑑定と,日々の中小商店からの両替でわずかな手数料を稼ぐといった堅実で地道な商売を行っていた。家族総出で働かなくてはならず,小学生の信之助(二代徳七)・実三郎兄弟は,学業の合間に家業をしたというよりも,家業の合間に学業に取り組む,という状態であったという。兄弟2人で両替・集金のために,重い大八車を引っ張り,

大阪の様々な商店街を回り，帰宅しては銭を勘定する毎日であった。

また，初代徳七は実地の商法を重んじ，信之助・実三郎兄弟に，学校の行き帰りに，必ず黒川商店，高木商店（ともに両替商ですでに証券業に進出している業者）に寄り，金貨の相場と，時々銘柄を取り替えて公債の売買の価格を確認するように命じた。このことが2人の商いの感覚と経験を養い，後の相場での大成功と，株式業の商店の経営に結実している[38]。

他の両替商が公債売買と旧金銀の買入，横浜との金貨取引で利益を上げていたのに対し，初代徳七は，利幅の少ない銭両替に固執していた。明治12年に大阪株式取引所仲買人として登録するものの，半年もたたずに株式取引所条例中改正を機に廃業する[39]ということがあったが，それ以降，自ら証券業に進出することはなかった。あるとき，信之助が「他の両替商が証券業という新しい商売に進出して多くの利益を得ているのに，なぜうちはやらないのか」と，父に尋ねた際，初代徳七は「万一大損をして家族を路頭に迷わせるようなことはできない。子供たちを一人前に成長させたいと言うこと以外に私の願いはない」と答えた。初代徳七は，堅実で，律儀で，義理堅い性格で，家族思いの人であった。

母多幾は越前藩の下級武士の家の出身で，9歳の時，家庭の事情に配慮して自ら故郷を離れ，越前藩と取引のあった大阪屋に奉公に出た。彼女は良妻賢母で，教育熱心な烈女で，浄土真宗を深く信仰するとともに，武士の血を引く息子たちに武家の教育を施した。他人には迷惑をかけないこと，卑怯な真似はしないこと，自らの行動に責任を持つこと，腹を切って責任を取ることを教えた[40]。信之助は，堅実性を重んじすぎ，消極的な父には反発したが，母の教えは彼の心に根ざし，それが常に彼自身の言動，投資活動やビジネス活動の拠り所となり，ひいては野村系企業の行動，後に野村財閥全体の規範に影響を与えた。

1895（明治28）年，信之助（二代徳七）は肺炎のため，大阪私立高等商業学校予科3年で中退を余儀なくされた。翌年，姉の嫁ぎ先の株式仲買店，八代祐太郎商店へ見習いとして入店した。2歳下の弟，実三郎はそれを受けて，家業を手伝うために成績優秀なのにもかかわらず，小学校高学年で卒業まで1年を残して中退した。

信之助は勇猛果敢，積極的，剛胆な性格をしていたが，実三郎は正反対で堅

実で誠実な性格をしており、忠孝心にあふれ、自己犠牲をいとわず、常に兄を助けた。積極的・堅実、攻・守と対照的な性格をした2人はお互いを理解し、助け合い、補いながら、後に事業を発展させていく。

2 証券業への進出

(1) 2つの失敗からの教訓

　信之助は見習い先の八代祐太郎商店で、北浜の取引所に通って相場の記録を取り、株式売買の仕方を見習い、夜は簿記学校に通った。主人の留守中に番頭にそそのかされて、店の公債を借用して思惑買いをし、多額の支払いが生じ、父が尻ぬぐいをすることとなった。

　失敗により実家に帰るものの、株式業を諦めきれない信之助は、一年後に父から現株のブローカーと定期の取次を許される。1本の電話と1台の自転車を与えられ、野村徳七商店で株式業をスタートさせる。当時珍しかった洋装と自転車で外交するものの、新参者の若者が注文をとるのは困難であった。

　さらに、定期の買い持ちの処理で失敗し、1,500円もの大損を出し、再び父に補償してもらうこととなった。その後、偽造の株式をつかまされたり、詐欺にあったりしたが、これらの失敗により、信之助は勘による売買の危険性を痛感し、情報の正確性とそれを裏付ける調査が肝心であることを学んだ[41]。また、業務内容としては相場師的な株式仲買業ではなく、有価証券現物問屋を目指した[42]。

　現物商としての商売が軌道に乗ってきた矢先、信之助と実三郎の2人ともが兵役に招集され、家業は閉店同様となってしまう。軍務から戻り、日露戦争に召集されるものの2人とも体調のために兵役免除となり、株式業務に本格的に乗り出すこととなった。

(2) 野村徳七商店の継承

　1904（明治37）年、信之助は実三郎とともに、投機を嫌い、あくまでも証券業進出に反対の姿勢をとり続ける父を説得し、金庫・出納・帳簿は実三郎に任せるという条件で、当時の野村家の資産の多くを占める2万円もの資本を

得，有価証券現物問屋として出発した。信之助は，次のように当時の株式業者を批判し，野村徳七商店の方針を打ち出した。

　私は先づ，考へました。我々証券業者は，我々の商品に就いて，もっと充分なる認識を持たねばならぬ。公債，社債，株式等の放資は，将来必ず銀行に於ける各種預金に比して優るものとして，もつと歓迎さるべき時代が来るのでは無いか。

　然るにこれを妨ぐるものは取り扱ふ業者の人格が低いからである。一面に放資知識がきわめて幼稚なるがためである。我々は現に投機業者の間に持囃さるる投機株，所謂流行株はもとより，凡ての証券に就いての研究を，科学的になすべき責任がある。真価を求め，真価を見出し，これを放資の対象として推奨する，宣伝する，これこそ最も進歩せる理財行為である。これありてこそ日々の上下騰落にも悩まされず，安心して株を持ち，社債を買ふて行けるのである。ただ目前に現はれつつある，日々の強弱関係や，大手筋の動くまゝに操られて，売買に憂き身を窶すから，世間は株屋と謂ひ，相場師などと云ふのである。箇々の事業会社，銀行に就いて，篤と資産内容にメスを加へ，業績を検討して，将来性を判断し，市場性なきものには，これを与へるべく協力して行くべきである。見渡す限り，東西市場を通じ，この方面に注目し力を注げるものは絶無と申して良い。我々は先づこの方面より，我々に与へられたる業務を明朗にすべきである。其の為に，依託され，注文されて行ふ行為は，之を定期的に延に或いは直の取引に現物に各々特徴ある方向に向かつて，取り扱ふことは，少しも恥づべきでない。これを投機と断じ，思惑と表すとも勝手にさして置けばよい。敢然として我らは我らの信ずる道に向かつて鋭意驀進すべきである」[43)]（野村得庵「蔦葛」）。

信之助はこのような方針を立て，業務を明朗化し，調査に基づく科学的な証券業者を目指した[44)]。「諸公債証書，諸会社株券，各種債券，古金銀貨幣，両替商」という父の代からの野村徳七商店の看板を，「有価証券現物問屋」と書いたものに取り替えた。父の代からの古金銀貨幣の鑑定売買と両替商を廃業し，有価証券の取引に特化したのであった。1905（明治38）年より，当時店員が4，5名だったところを，新規に13名採用し，上記のような彼の主義・方針を浸透させ，行動させた。

(3) 野村徳七商店の改革：近代的な株式業者を目指して
調査部の設置と「大阪野村商報」の創刊――「調査の野村」の源流

　1906（明治39）年4月11日に，日報広告「大阪野村商報」を創刊し，大阪毎日新聞，大阪朝日新聞に交互に掲載した。掲載費はかなりの高額であったが，これは，信之助の信念である「有価証券売買の科学的研究」の成果である．諸企業の経営内容と株価の高下の状況を顧客に知らせることを通じて，有力な顧客を野村商店に引きつけようとする政策によるものであった[45]。そのため，調査部を設立し，大阪毎日新聞の記者であった橋本喜作（ペンネームは橋本奇策）を調査部部長として迎えた。その後も調査部員として明治40年には大阪高商や慶應出身者を採用する等，株式業者では珍しく高学歴のインテリ社員を積極的に採用した。

　当時，顧客と株式業者との利害が対立するケースも少なくない中，証券投資のために有益な情報を独占せずに公開し，顧客に推奨し，共有させるという行動は珍しかった。これは顧客が設ける過程で自分たちも儲けさせてもらう，「顧客とともに栄える」という野村グループの経営理念につながるものである。

職務分掌の明確化

　1905（明治38）年，店員が30名あまりに増え，手狭になった店舗兼住宅を本町二丁目に移転させると，信之助はさらに事業を合理化し，職務の分掌を明確にした[46]。信之助は自ら店内売買，とくに電話で東京との取引を行い，実三郎が北浜の市場売買を担当した。組織を簿記係，庶務係，外交係，受付係，証券係に分け，それぞれに古参の店員を主任として配置し，その他，高学歴者からなる調査部を置いた。さらに，他店に先駆けて女性社員を採用し，簿記係助手や電話交換手に配置した。また，店員の服装も縞模様の着物に角帯といったスタイルだったものを洋装させ，事務所をテーブル式に改めた。これらは，信之助が常に店員に対して言っていた「常に一歩前進することを心がけよ。停止は退歩を意味する」[47]という彼のモットーを具現化したものだった。

科学的な調査に基づく株式売買

　1906（明治39）年から40年にかけての日露戦争後の株式ブームの相場で，信之助は周到な科学的調査に基づく株式売買を行った。熱狂相場の大反動を予測し，売り方に回ることで，莫大な利益を得た。新聞広告，「大阪野村商報」

でも「相場は狂せり」というタイトルで熱狂相場の崩落を予測し・警鐘をならす記事を載せていた。この堅実な戦法の果敢な挑戦による成功で，500～700万円もの資産を築いた。信之助は「七割の確実性を最もよく利用して，三割の不確実性に妨げられないやうにする」という信之助の企業原則，すなわち，投機ではなく，堅実性をともなった企業家精神に基づく投資を行ったのだった。

　1907（明治40）年，父の初代徳七は彼らの成功を認めることなく，また，新居に移り彼らと一緒に住むことなく，隠居し，死去した。信之助は家督を相続し，野村徳七の名を襲名した。以降，二代徳七を野村徳七と呼ぶこととする。

3　日露戦争の相場での成功と海外視察

（1）　世界一周旅行での収穫

　1908（明治41）年3月から8月にかけて，野村徳七は朝日新聞社の主催する世界一周旅行に参加し，北米とヨーロッパ諸国を訪れた。アメリカのウォール街では，証券取引所や証券業者を訪れて，証券業者が産業を支える金融業者として社会的に評価されていることを実感した。証券業者，ポスト・エンド・フラッグ商会がワシントンの財務当局も及ばないほどの精密な統計を作り上げているということ，同社の店の組織や調査部の機能に深い感銘を受け，投資銀行のモルガン商会にも大きな関心を抱いた。そして彼は「日本一のフィナンシャー（フィナンシァ，金融業者）」になることを決意する。帰国後，徳七は野村徳七商店のさらなる改革を行うとともに，日本の証券業界の発展と社会的地位の向上を目指して，公社債の引受・募集業務への進出を果たす。

（2）　調査部の充実と高学歴社員の採用

　帰国後，徳七は調査部を充実させるべく，1910（明治43）年，調査係，統計係，編集係，翻訳係を置いて任務を分担させた。新聞・雑誌，各店の報告事項から，金融・株況，会社記事などの参考記事を切り抜いた切り抜き帳を作らせ，金利，株式，商重要物価の高低統計表を作らせ，パンフレット，マガジン，チャートを作成させた。また株式日報，日曜広告を諸新聞に掲載し，明治

44年には『公社債便覧』を出版し，翌年からは『株式年鑑』と改めて毎年出版した[48]。

　徳七は，優れたビジネスをするには，また優れた組織を作るには，優れた人材が必要であることをすでに認識していた。自社を近代的証券企業に発展させるためには，高学歴の社員が大量に必要であると感じ，公債の海外への売出しに際して，外商との交渉要員として英語に堪能な大卒者の新規採用や，他業種からのヘッドハンティング等で8名を採用した。これには将来の公社債の引受・募集取扱業務への進出に向けて，また将来の専門経営者となるべき人材の確保，という目的もあった。実際に彼らの多くは後に，野村商店（後の大阪屋商店）の幹部や，野村財閥の中枢たる，野村合名の理事等の重職についた。

(3)　大家族主義と野村商店商務規定

　高学歴社員に対しては最高レベルの給与を出し，昔ながらの奉公人も含めた店員全員を対象に，徳七，実三郎やインテリ社員たちが教えたり，外部講師を招いたりして店内教育を施した。店内に文庫を置き，月1回の読書会を行い，奉公人には簿記学校へ通わせた。育成した古参の店員と高学歴店員の両者に発破を掛けて競わせた。

　一方，店員とその家族を芝居や映画に連れて行ったり，慰安旅行に連れて行ったり，運動協議会，松茸狩りなどの催しを行うなど，優遇した。野村徳七は自らを「家長」と呼ばせ，商店の従業員を大家族のメンバーとして大切にした。"Work while you work, play while you play" という言葉を好み，自ら人生を楽しもうとする一方，店員にもそうさせた。徳七は趣味の面においても，一番，一流を好んだ。負けず嫌いの徳七は「仕事にせよ，遊びにせよ，何でも命がけでやれ」というほどの徹底主義であった。

　野村商店の店員は約50名になっており，徳七は1910（明治43）年，「野村商店規定」を作成し，実施した。これらの有能な従業員を組織化し，十分に信頼して大きな権限を委譲し，一糸乱れざる統制のもとに，全員がこぞって任務に邁進するような態勢を作ること[49]を徳七は目指したのだった。徳七は従業員に対して絶大な信頼を持ち，仕事を任せ，商人の命ともいえる自分の印鑑も従業員に預けていたほどだった。そのかわり，結果はもちろんそれ以上に，努力

の上での失敗は許容するものの，勤務姿勢や倫理性については厳しい水準を要求した。信頼に背いた者に対しては厳罰をもって臨んだ。

「商務規定」では，従業員が株式，米穀，綿糸の自己売買を厳禁し，自己の資産を投資しようとする者は責任者の許可を得なければならない，とした。当時の株式店では，店員の給与が低く，店員の手張り（自分の勘定で売買すること）が黙認されているような風潮であった。手張りをすれば，仕事に打ち込めなくなるばかりか，思惑は犯罪の温床となる。証券業者の品位を高め，「株屋」を"近代的インベストメント・バンカー"の水準にまで引き揚げるために，このような厳格な規制を行ったのだ[50]。

徳七は，倫理に反した店員・社員や，社会に迷惑をかけるようなことをした人はいかに親しい者であっても，容赦なく辞めさせた。また，徳七自身も，社会に対する責任をいつでもとる覚悟をしていた。

(4) 大阪現物団の結成と公債引受業務への進出

1910（明治43）年，政府は4分利公債への借り換えるのに際し，有力な東西15銀行に引受シンジケートを結成させたが，証券業者も「アメリカではこういう業務は証券業者が行っていた」として，シンジケートを結成し，引受を希望した。野村徳七は大阪の有力現物問屋である黒川・高木・竹原を誘って大阪現物団を結成し，東京の小池・福島・林・神田の諸店をも誘った[51]。元引受ではないものの，下引受という形での参加が承認されることとなった。

徳七の意図は，小池国三と同様，証券業者の地位を向上させ，その実力を社会に認めさせることであり，さらには新公債の発行をスムースに行わせることで国庫の負担を軽減させようとする「国家に対する奉仕」の理念にあった[52]。

大阪現物団では翌年にも公債を引き受けた。1911（明治44）年，小林一三から箕面有馬鉄道の200万円の社債募集の依頼を受け，野村，黒川，高木，竹原の4店で本格的な現物引受団を結成した。この募集に際し，野村商店の調査部では，「株主諸君」と題する，日本の証券業者初の投資家の勧誘用のパンフレットを作成した。その後も，社債の引受を順調にこなし，現物団の中でも野村商店が最大の売上を達成し，常任幹事としてリーダーシップをとった。

44年の尼崎紡績の増資新株の発行の際，増資新株の引受を開始し，播州鉄

道1万株の発行の際には単独引受も行った。第一次世界大戦のブーム期には，株式発行が相次ぎ，野村商店の業務の中心は公社債から株式引受に移った。現物団による新株引受のピークは1916（大正5）年であり，宇治川電気・久原鉱業・東洋紡績など10万株以上引き受けたものもあった。

(5) 第一次世界大戦期の躍進

　1914（大正3）年，第一次世界大戦が勃発し，翌4年戦争が本格化し，物資の需要の増大を背景に輸出が増加し，新規事業投資の活発化によって景気が上昇し，同年の暮れには未曾有のブームとなった。野村は同年，強気に諸株を買い進み，それらの株価が高騰し，巨額の利益を得た。その一方で，翌年，徳七の「北浜唯一人の親友」であり，大阪中央公会堂の建設のために100万円寄付したことで有名な，株式仲買人の岩本栄之助は売りの失敗から決済不能に陥り，自ら命を絶った。激しく変化し，極めて投資判断の難しい株式相場において，野村では，投機的な思惑ではなく，取引のある外国人投資家や海外に派遣している店員から戦況などの正確な情報を入手し，科学的調査・研究を行い，それに基づいて投資を行った。その後の大正8年の熱狂的ブームや，翌年の株価暴落に始まる反動不況で多くの成金が没落する中で，野村では株界全盛時代の収益を完全に保有することができた。

　一方，引受業務も好調で，野村商店の資本蓄積に大いに貢献した。大正5年，久原鉱業新株募集の際，募集10万株の3倍半の応募があり，最高プレミアム92円，募集プレミアム82円となり，株価も408円10銭にもなった。引き受けた分の多くを顧客に売り渡していた野村をはじめとする証券業者はこれにより莫大な利益を得た。しかし，第2回の増資では株価が大暴落し，現物団がプレミアムを払い込む段になって苦慮することとなった。久原にプレミアムの減額を嘆願する同業者に対して，徳七は「一旦契約したからには，野村は全財産を抛り出しても払うのだ」と言い放ったという[53]。

　また，野村商店では，「野村が今日若しプレミアム稼ぎをやるといふことになると，相当巨額な金を儲けることも出来ようが，さういふ労無くして得る悪銭は，たとへ一銭たりとも得ようとしてはならぬ」と，新設会社のプレミアム稼ぎを厳禁し，新設会社の株を持たないようにしていた[54]。

4 財閥化の指向

　第一次世界大戦期巨額の利益を得た野村徳七は，時流に乗って財閥化を指向し始めた。1917（大正6）年，個人商店であった野村徳七商店を改組し，資本金500万円で株式会社野村商店にした。実三郎は自ら株式業務を取り扱い，野村商店の代表取締役に就任した。兄の徳七を健康上の理由から，危険性の高い株式売買・引受から引退させ，野村系企業の総監督的な立場につかせた。徳七は8年に取引所普通仲買人を廃業している[55]。

　大正5年4月から70日間，徳七は，大阪商船と台湾総督府が企画した，台湾・南洋視察旅行に参加し，台湾，フィリピン，英領北ボルネオ，蘭領インドネシア，シンガポール，マレーシア，仏領インドシナに寄り，ゴム園，椰子園，精糖会社などを視察し，他財閥のプランテーションをも訪れた。非常に関心を抱いた徳七は同年，南洋事業について調査・研究し，『護謨と椰子』を公刊した。また，翌6年には，野村南洋事業部を設立し，インドネシア，ボルネオ島南部にあるドイツ人経営のゴム農園，ダナウ・サラック農園を買収した。やがて，ゴムの栽培からゴムの製造，販売までを手がけるようになった。昭和4年，野村東印度殖産株式会社と改称し，海外事業を総括する本部事業とした。1923（大正12）年，スマトラ島の椰子園，カラン・イヌ農園，15年にはコーヒー農園のブキット・トウサム農園を買収した。また，15年にはブラジルでコーヒー農園を買収し，困窮する日系移民を雇用した。野村財閥において，海外事業は金融業と並ぶもうひとつの大きな柱となった[56]。このような国際性も野村の特色のひとつであるといえる。

　大正7年，財閥化を指向し，住友総本店にならって，野村家の資産を管理する野村総本店を資本金600万円で設立し，1922（大正11）年に野村合名会社が設立されるまで，諸事業の統括機関の役割を持たせた。また，同7年には，資本金1,000万円で大阪野村銀行を設立し，資本金50万円で商社，大東物産を設立した。同社はダナウ・サラック農園への資材の補給と物資の交流と，南洋方面一帯に貿易を営むべく，設立されたが，多方面へ事業を拡大したために失敗し，整理を断行せざるを得ない状況に陥った。大東物産の破綻は野村銀行

の経営を圧迫したが，早めに見切りをつけ，早めに整理に着手したために，財閥への発展への障害にはならなかった。

1944（昭和19）年の野村財閥の最盛期には，その傘下の企業は25社となり，野村銀行，野村証券，野村信託，野村生命の金融部門4社，その他（南洋事業，軽工業，重工業等）21社となった。

5 野村銀行および野村証券の設立と発展

(1) 野村銀行の設立

世界一周旅行に参加し，アメリカの証券業者の実態を目にして，「余にして若し志を得ば，余は必ずや日本第一のフィナンシャーたるべし」という願望を抱いた野村徳七は，常々，証券取引にはどうしても有力な金融機関との密接な連携が必要と考えていた。

1918（大正7）年5月，株式会社大阪野村銀行（昭和2年に野村銀行に改号，後の大和銀行，現りそな銀行）を設立し，8月に営業を開始した。頭取に末弟の野村元五郎を就任させ，当時日本興業銀行の一貸付係長であった，38歳の片岡音吾を迎え，取締役兼支配人に就任させ，実務の一切を任せた。

銀行の設立の目的は，財閥へ成長しようとする野村家の事業の支柱としての銀行を持ちたいという意向とともに，「フィナンシァ（フィナンシャー）」を目指す高次元の証券業を展望した金融機関を創設することで，蔑視された「株屋」のイメージを払拭することであった[57]。

設立当時，大蔵省は商業銀行の新設を認めない方針であったので，「野村の計画する新銀行は，資産家が優秀な事業を援助する目的でやるドイツ式の銀行で，決して預金本意の銀行ではない」と，ドイツ式の事業金融を主体とする興業銀行的な経営方針を標榜して[58]説得し，ようやく設立が認められた。大阪野村銀行の定款に書かれた営業科目は，一般銀行業の他，有価証券保護預かり，有価証券及び金銀の売買，担保付社債信託事業，株式・国債・市債・社債・債券の募集若しくは売出の取扱又は引受，であった。設立当初の経営目的に挙げられていた，中小工業への金融と公社債引受・売出業務のうち，後者の方が重きをなしていた[59]。

野村徳七商店の初代調査部長であった，橋本喜作はアメリカの信託業の調査を行い，資料を持ち帰ることを任務として，大正6年にアメリカに派遣されていた。徳七はこれまで社債の募集にあたってきた経験に基づいて，1905（明治38）年に制定された担保付社債信託法に則り，信託業務を兼務することを意図し[60]，業務を開始した。1933（昭和8）年に大正信託を買収し，大阪信託，野村信託と改称した。野村信託は1944（昭和19）年に野村銀行と合併するが，野村の信託業の基礎はここに始まった。

片岡音吾は赴任前に，日本銀行副総裁水町袈裟六や日本銀行総裁土方久徴からも，野村銀行が公社債に力を入れるよう要請された。さらには，大阪野村銀行の開業後間もなく，井上準之助から，次のようなボンド・マーケット論を説かれた。第一次世界大戦後には日本にも生まれてくるに相違ない大企業に債券によって資金を供給する専門の機関が必要で，その機関は社会的資本を集中した株式会社よりも資力を持った手腕のある個人を中心とする組織たること，地盤を持った人たること，大きい立場から事業を作り上げていこうという新進気鋭の人たることを必要とし，野村徳七こそ，その人というものであった[61]。野村徳七はこれに共鳴し，以降，公社債引受に積極的となった。

（2） 野村証券の設立

1920（大正9）年，政府と日銀の斡旋により，大阪株式取引所に国債市場が開設された。これはそれまでの仲買人に加えて銀行や信託業者が国際仲買人に加入する道を開いた[62]。大阪野村銀行は新たに証券部を設置し，公社債売買業務の拡張をはかった。1922（大正11）年より，証券部は独立採算制をとっており，証券業務を銀行の一分科として行うのでは徹底しないし，第一，営業部と証券部とでは，そこに働いている職員の気分が違って経営上うまくいかない，第二に，同じ資金をふたつの部門に分けて使うことも不便である，という理由で，独立させる必要がある[63]，と片岡は考えた。アメリカの経験をも調査した上で，1925（大正14）年に野村証券株式会社の設立登記を完了した。資本金500万円であり，取締役社長には片岡音吾が就任した。その定款に掲げ営業目的は，①公債・社債及び株式の引受・応募並びに募集，②公社債の売買，③手形の売買・引受及び仲介，④有価証券の貸付・保護預り及び運用預り，⑤

金銭の貸付及び金銭貸借の仲介，であった。①では公社債の他に株式を挙げているが，野村証券は公社債専業でスタートした。

(3) 野村商店のその後

株式現物問屋，野村徳七商店は，1917（大正 6）年，野村実三郎を店主とした，資本金 500 万円の株式会社野村商店へと改組された。だが，「戦わざるところ勝利なし」などと言う，強気の勝負師的な兄の徳七を冷静に抑える参謀役であった実三郎は，8 年に肺炎により，40 歳の若さで急死した。6 年の時点では，家業であった証券売買業を野村財閥の中枢に据える意向を持っていたが，野村銀行の信用を固める意向も手伝って，徳七は危険な証券売買業から引退する決意をした。しかしながら，野村は「投機資本財閥」と目され，野村銀行は堅実経営を目指していても，「株屋」の銀行というレッテルがつきまとった。

実三郎亡き後，旧野村徳七商店時代からの社員が経営の陣頭に立ったが，業績も以前のようにふるわなかった。1923（大正 12）年，野村が大きな欠損をしたという風評が立ち，銀行業務の運営にまで影響を及ぼすようになった。銀行の信用のために，証券業務を切り離すことを考え，資本金を 200 万円へと減資し，名称も大阪屋商店と変更した。株式の大部分を社員に譲り，徳七本人も相談役へと引き下がった。

『野村銀行十年小史』所収の十周年記念式典の挨拶で徳七は野村では「最も変動に富み，危険の多いと認められる仕事を第一線におき，次に確実であるけれども猶証券市場の変動に際し機宜の処置を必要とする如き仕事を第二線に立て，全部これ信用をもって立たなければならぬような確実安全を第一義とする銀行業を第三線に配置する」とし，第一線には株式売買を行う大阪屋商店，第二線に公社債を扱う証券会社，第三線に銀行の 3 社は，その職務上において提携し，共同の目標をたて，長短相補い，合名会社を中心とする統制の下に互いに危険を廃し，質実につき，よくその職能を発揮するように求めている[64]。

1929（昭和 4）年の株式市場の大暴落で大阪屋は大損害を受け，その影響で野村銀行のみが取付を受けてしまった。そのため，翌年，野村合名は声明を出して，大阪屋商店と絶縁し，徳七も相談役を辞任し，大阪屋商店を解散した。大阪屋商店は，野村徳七商店時代からの店員出身の従業員たちの手で，資本金

50万円で，改組再建された（後の大阪屋証券，コスモ証券，現岩井コスモ証券）。

(4) 野村証券の発展

1925（大正14）年，公社債専業としてスタートした野村証券は，野村銀行証券部時代から引き継いだ東京・京都・名古屋・神戸の4つの出張所の他，開業後，全国的に出張所を設置し，1928（昭和3）年から6年にかけて支店に昇格させた。この全国的な支店網を活用して公社債を顧客に売り込んだ。

野村証券の元引受社債は電力会社，百貨店，農工銀行のものが多く，同社の社債の引受の大部分は大銀行が引き受けた社債の下引受であった。証券会社の下引受は投資家への消化が目的であり，全国的な支店網でもって実績を上げたことが評価され，1938（昭和13）年，有価証券引受業法に基づく証券引受会社の免許に直結した。これは公社債の下引受をなしうる代表的な証券業者として証券業界における主導的地位を公認されたことを意味する[65]。1931（昭和6）年，満州に満州野村証券を設立し，植民地や諸外国にも支店や現地法人を設立した。

1933（昭和8）年，9年の企業勃興と株式ブームに対し，公社債業務が不振となったため，野村証券は株式取引に進出した[66]。証券引受会社の地位が武器となり，株式業務でも急速にシェアを高めることができた。1939（昭和14）年，調査部員の大半を東京に駐在させ，翌年には本部組織を東京に移した。このことは証券引受会社の免許取得と並び，戦後の総合証券としての発展の大きな要因となった。

1941（昭和16）年，片岡音吾の後を継いだ飯田清三は，投資信託業務開始を決意し，イギリスのユニット・トラストをモデルにした構想を野村合名に提案した。「償還時に元本に損失が生じた場合は，損失の2割を補償する」という条件が問題となり，合名理事会で，猛反対を受け

表5-2　野村証券の公社債引受高

(単位：100万円)

	国債	地方債	金融債	事業債
昭和2年	35.4	29.6	15.8	67.3
3	50.3	28.8	39.7	111.0
4	9.6	8.9	18.6	93.0
5	15.6	6.2	9.0	29.7
6	11.0	14.0	13.0	16.3

(出所) 三島康雄 [1984]『阪神財閥』日本経済新聞社.

表 5-3　野村証券の業績（大正 15〜昭和 6 年）

(単位：千年，%)

決算期		所有有価証券	当期純利益	株主配当金	配当率
大正 15 年	上期	19,228	185	0	0
	下	15,120	131	0	0
昭和 2	上	11,249	231	0	0
	下	22,108	360	103	8
3	上	51,638	538	200	8
	下	20,958	234	202	8
4	上	19,846	320	250	8
	下	15,909	278	250	8
5	上	16,297	288	219	7
	下	17,221	223	188	6
6	上	15,428	321	219	7
	下	8,222	302	219	7

（注）決算期末は大正 15 年から昭和 3 年上期は 6 月，12 月，それ以後は 5 月，11 月である。
（出所）野村證券株式会社「営業報告書」1〜12 期より作成。
　　　　三島康雄［1984］『阪神財閥』日本経済新聞社。

た。徳七は「自分は裸一貫になってもいいから，国家のためにやろう」と損失補償を野村個人で負担するという英断をし，日本で初めての投資信託業務が開始された。

　昭和 20 年 1 月に野村徳七は他界し，終戦を迎えた。また同年 9 月には嗣子の義太郎（三代徳七）が死去し，野村は財閥解体・公職追放の苦難の時期を経る。だが，戦後の総合証券会社としての野村証券の発展の基礎は野村徳七存命中に築かれ[67]，徳七の創業の理念を受け継ぐ後継者によって成し遂げられた。

6　野村徳七の社会貢献

　野村徳七は 1928（昭和 3）年，勅撰の貴族院議員となり，18 年間勤め，4 年の第 56 議会の貴族院限月問題委員会で，取引所限月延長案の通過のために奮闘する等，専門的な立場から貢献した。証券業者の社会的地位の向上を目指

し，大阪株式取引所の革新運動（大株革新運動）にも関わった。

　海外事業では，日本人代表として恥ずかしくない人物を現地へ派遣し，法令遵守はもとより，現地人の雇用に際しては現地人を尊重し，労働条件に配慮し，現地で上げた利益は現地に再投資し，ゴムの原材料を現地人から購入する等，地域経済にも貢献した。

　野村德七は株式市場での成功により大富豪となり，寄付金の申し込みが殺到し，及ぶ限りその申し込みに応じていた。1919（大正8）年，東京大学理学部へ遺伝学講座新設費として德七・実三郎の連名で6万円を寄付したのが初めての巨額の寄付であった。大正6年から大正15年までの間に約125万円の寄付を行ったが，教育機関がその多くを占めている。合理精神の持ち主である德七は，身分不相応または財産不相応と思われる金は出さない，自分の気に染まない目的や人間などには出さない，等独自の基準を設け，それに照らし合わせて検討した。

　德七が行った最高額の寄付は，1927（昭和2）年の大阪商科大学（現大阪市立大学）経済研究所設立資金としての百万円（現在では50億円以上に相当）である。その財源は大阪瓦斯の株式売り出しによる利益である。公共性の高い事業会社から得た利益を大阪市へ還元することにして，その使い道を考慮した結果であった。そもそも大阪瓦斯は1925（大正14）年に，外国人資産家の所有していた大量の株式を，仕手筋や敵対的な人たちからの買収を回避するべく肩代わりしたものである。また，インフラ産業の株式を外国人から取り戻すという意味合いもあった。

　1918（大正7）年の米騒動に対して政府及び大阪市への寄付金2万円，大正12年の関東大震災の義捐金30万円等も寄付している。戦時中，時局の進展とともに，軍事関係のものへの寄付が増加した。財閥の寄付金は大きくなり，租税以上の負担となっていった。

　1920（大正9）年，德七は自ら，前年に亡くなった次弟実三郎の追善・供養のため，50万円の基金を供出し，人材育成，学術奨励を目的とする野村奨学部を創設した。実三郎は学業成績がトップクラスであったのにもかかわらず，家業のために高等小学校を中退していた。德七本人も病気で進学を断念しており，学問に対する憧れと学問を修めた人への尊敬の念を持ち，自分たちと同じ

境遇の若者を援助したいという強い気持ちがあった。野村奨学部は，基金の規模，学費の全額に対する給与であること，被給与者の将来を拘束しないこと，等の特色を持ち，時代の要求に先駆するものであった。

おわりに

　戦前「東の山一・西の野村」，「債券の野村，株式の山一」といわれていた，両社はともに株式仲買業や現物商を営む個人商店に起源を持つ。それぞれの創業者，小池国三も野村徳七もともに，ウォール街でアメリカの証券業者の実態を目の当たりにし，刺激を受け，フィナンシア（フィナンシャー，金融業者）を目指し，公社債の引受業務に進出する。それとともに，この新規事業への進出を通して証券業者の社会的地位の向上を目指したのだった。また，小池国三と野村徳七の2人とも，顧客本位の商いを行い，店員・社員に対しては，手張り等を禁止する等，厳しい店規を制定した。

　小池国三は定期取引においての鞘取商法で，野村徳七は科学的調査に基づく投資と投資情報の提供による顧客の獲得によって，それぞれ堅実性，確実性を目指した経営を行ってきた。また，彼らは株式業界の危険性を熟知し，一定の成功を収めるとともに危険な株式業から引退し，母体の株式店とは別に銀行を設立し，その中核業務として公社債を扱った。

　小池国三が商栄銀行を買収し，改名した小池銀行では，国三が「無担保の借金」であるとして嫌った預金は扱わず，公社債を扱った。1928（昭和3）年の銀行法の施行により，証券業を中心とした小池証券を分社化したが，後に小池銀行は逆に小池証券に吸収された。株式業務を行う，山一合資（1917，大正6年，小池合資の解散後に社員が中心となり設立）が改組してできた山一証券株式会社（1926，大正15年設立）と，公社債業者の小池銀行とが対等合併し，（新）山一証券が誕生した。

　野村徳七は1918（大正7）年，現物商・仲買店の野村徳七商店を株式会社野村商店に改組するとともに，大阪野村銀行（後の野村銀行，大和銀行，現りそな銀行）を設立する。証券金融の重要性を認識した徳七は，興業銀行的な銀行を目指した。野村銀行では開業時から公社債に力を入れており，公社債売買業

務の拡張のため，1920（大正9）年に証券部を設置した。1922（大正11）年には独立採算制をとり，14年には独立させ，野村証券株式会社を設立する。

　1938（昭和13）年の有価証券引受業法に基づいて，野村・山一・小池・日興・藤本・共同・日本勧業の各証券会社と川島屋商店の8社が証券引受会社の免許を受けた。山一証券と日興証券は，1943（昭和18）年，公社債を扱う銀行と株式業を扱う証券業者とが合併して設立された。野村証券は公社債専業業者であったが，1937（昭和12）年に株式業務を開始した。このように戦後の「四大証券」（野村・大和・日興・山一）の全ては公社債専門の業者をルーツとしている。

　引受や下引受した公社債の投資家への販売を成功させるためには，全国的な販売網が必要である。株式仲買人の支店設置が事実上禁止されていたのに対して，公社債専業時代の証券業者は全国的な販売網を作り上げていた。さらに，各社は有価証券引受会社というその特権的地位を利用して株式業務を拡張することができたために，戦後の4大証券体制の基礎はすでに戦時中に築かれていた[68]。

　野村徳七の理念を基につくられた今日の野村グループの「創業の精神」には，「顧客第一の精神」「海外への雄飛」「調査・分析の重視」「先取りの精神」「企業家精神」「人材の登用」等が掲げられている。この企業家精神を中心とした創業の精神と，それを具現化した制度と組織文化こそがまさに野村の特徴であり，今日の野村たらしめたものである。だが，創業の理念，経営理念として明記されてはいないが，それと同時に，創業者の精神には倫理性の重視という側面があったこと，またそれが今後も重要であることを忘れてはならないだろう。むろん，創業者小池国三の精神と山一証券の発展過程とその後の歴史においても然りである。

〈注〉

1）二上季代司［1990］『日本の証券会社経営』1頁。
2）高須芳次郎［1829］『小池国三伝』9, 15頁。
3）羽間乙彦［1990］『蛮勇の時代』48～49頁。
4）高須芳次郎［1829］『小池国三伝』94～95頁。

5）山梨学院大学監修［1995］「小池国三～近代日本の動脈兜町を築いた男～」山梨放送。
6）高須芳次郎［1829］『小池国三伝』111 頁。
7）山梨学院大学監修［1995］「小池国三～近代日本の動脈兜町を築いた男～」山梨放送。
8）高須芳次郎［1829］『小池国三伝』144 頁。
9）同上書 147～149 頁。
10）同上書 168～170 頁。
11）同上書 170～175 頁。
12）粕谷誠，橋本寿朗，伊藤修［2011］『山一証券 100 年史上巻』17 頁。
13）高須芳次郎［1829］『小池国三伝』18 頁。
14）山梨学院大学監修［1995］「小池国三～近代日本の動脈兜町を築いた男～」。
15）粕谷誠，橋本寿朗，伊藤修『山一証券 100 年史上巻』20 頁。
16）同上書 21 頁。
17）同上書 21 頁。
18）同上書 21 頁。
19）同上書 22 頁。
20）同上書 22～23 頁。
21）山梨学院大学監修［1995］「小池国三～近代日本の動脈兜町を築いた男～」。
22）粕谷誠，橋本寿朗，伊藤修［2011］『山一証券の百年』30 頁。
23）森泰博［1997］「大阪における証券業者の抬頭」301 頁。
24）山一証券株式会社社史編纂委員会『山一証券の百年』29 頁。
25）同上書 29 頁，『山一証券 100 年史上巻』24 頁。
26）粕谷誠，橋本寿朗，伊藤修『山一証券 100 年史上巻』29 頁，山一証券株式会社社史編纂委員会『山一証券の百年』31～32 頁。
27）同上書 30 頁。
28）同上書 30 頁。
29）同上書 31 頁。
30）山梨学院大学監修［1995］「小池国三～近代日本の動脈兜町を築いた男～」山梨放送。
31）粕谷誠，橋本寿朗，伊藤修［2011］『山一証券 100 年史上巻』33 頁。
32）同上書 51 頁。
33）山一証券株式会社社史編纂委員会『山一証券の百年』39 頁。
34）同上書 39～40 頁。
35）同上書 60 頁。
36）粕谷誠，橋本寿朗，伊藤修『山一証券 100 年史上巻』80 頁。
37）同上書 34～35 頁。
38）野村千佳子［2008］「野村徳七商店の企業倫理——武士道と大阪商人道と企業家精神」弦間明他監修，日本取締役協会編『明治に学ぶ企業倫理』172 頁。

39）森泰博［1997］「大阪における証券業者の抬頭」299 頁。
40）野村千佳子［2008］「野村徳七商店の企業倫理——武士道と大阪商人道と企業家精神」弦間明他監修，日本取締役協会編『明治に学ぶ企業倫理』170 頁。
41）同上書，173～174 頁。
42）森泰博［1997］「大阪における証券業者の抬頭」300 頁。
43）野村得庵［1940］「蔦葛」其三『倭』第 53 号，野村合名会社，38 頁。
44）三島康雄［1984］『阪神財閥』37 頁。
45）同上書 38 頁。
46）同上書 39 頁。
47）村上順次編『野村得庵』162～163 頁。
48）三島康雄『阪神財閥』40 頁。
49）同上書 42 頁，『野村得庵』273 頁。
50）同上書 42 頁。
51）森泰博［1997］「大阪における証券業者の抬頭」303 頁。
52）三島康雄［1984］『阪神財閥』43 頁。
53）村上順次編『野村得庵』503～506 頁。
54）同上書 581 頁。
55）森泰博［1997］「大阪における証券業者の抬頭」302 頁。
56）野村千佳子［2010］「大正時代の野村財閥——一証券業者から財閥への歩みと企業倫理」弦間明他監修，日本取締役協会編『大正に学ぶ企業倫理』167～170 頁。
57）森泰博［1997］「大阪における証券業者の抬頭」303 頁。
58）同上書 303 頁。
59）三島康雄［1984］『阪神財閥』55 頁。
60）同上書 55 頁。
61）森泰博［1983］「総合証券会社の成立過程」15 頁。
62）三島康雄［1984］『阪神財閥』57 頁。
63）森泰博［1983］「総合証券会社の成立過程」16 頁。
64）野村銀行編［1928］『野村銀行十年小史』5～8 頁。
65）森泰博［1997］「大阪における証券業者の抬頭」304 頁。
66）森泰博［1983］「総合証券会社の成立過程」19 頁。
67）森泰博［1997］「大阪における証券業者の抬頭」305 頁。
68）森泰博「総合証券会社の成立過程」20 頁。

参考文献

○テーマについて

有沢広巳監修［1978］『証券百年史』日本経済新聞社。

栗林正修［1937］『証券財閥読本』春秋社。
二上季代司［1990］『日本の証券会社経営』東洋経済新報社。
羽間乙彦［1976］『蛮勇の時代』毎日新聞社。
森泰博「大阪における証券会社の設立」『商學論究』24号，35～45頁。
森泰博［1983］「総合証券会社の成立過程」『商學論究』29号，487～523頁。
森泰博［1997］「大阪における証券業者の抬頭」作道洋太郎編『近代大阪の企業者活動』思文閣出版。
○小池国三について
粕谷誠，橋本寿朗，伊藤修［2011］『山一証券100年史上巻』財団法人日本経営史研究所。
高須芳次郎［1829］『小池国三伝』小池厚之助。
山一証券株式会社社史編纂委員会編［1998］『山一証券の百年』山一証券株式会社。
山梨学院大学監修［1995］「小池国三～近代日本の動脈兜町を築いた男～」甲州偉人伝シリーズ，山梨放送，3月12日放送。
○野村徳七について
コスモ証券株式会社［1989］『コスモ証券七十年史』。
大和銀行七十年史編纂委員会［1988］『大和銀行七十年史』。
武田康［1995］『野村商法物語』中央公論社（中公新書）。
野村銀行編［1928］『野村銀行十年小史』。
野村証券50年史編纂委員会［1976］『野村証券株式会社50年史』。
野村千佳子［2008］「野村徳七商店の企業倫理――武士道と大阪商人道と企業家精神」弦間明，荒蒔康一郎，小林俊治，矢内裕幸監修，日本取締役協会編『明治に学ぶ企業倫理』生産性出版。
野村千佳子［2010］「大正時代の野村財閥――一証券業者から財閥への歩みと企業倫理」弦間明，荒蒔康一郎，小林俊治監修，日本取締役協会編『大正に学ぶ企業倫理』生産性出版。
野村得庵［1939～1943］「蔦葛」其一～其二十四『倭』第51号～第74号，野村合名会社。
80年記録編集委員会編［2006］『野村グループ80年のあゆみ』野村ホールディングス株式会社。
三島康雄［1984］『阪神財閥』日本経済新聞社。
村上順次編［1951］『野村得庵本伝上，下』野村得庵翁伝記編纂会。

本稿は科学研究費補助金「近代日本と野村財閥の発展過程の研究――企業家精神と企業倫理――」（若手研究(B)課題番号21730327，代表者野村千佳子）の研究成果の一部である。

第6章

近代的保険業の誕生
――各務鎌吉（東京海上）・矢野恒太（第一生命）――

長谷川　直哉

■ はじめに

　私たちは，さまざまなリスクに取り囲まれて日々の生活を営んでいる。社会経済システムのグローバル化によって，リスクの内容は複雑化し影響範囲も拡大する傾向にある。こうしたリスクに対処する仕組みが保険である。保険という言葉が存在しない時代に「災難請合」という訳語で insurance を説明したのは福沢諭吉であった。

　福沢は『西洋旅案内（巻之下附録）』において，生涯請合（生命保険）は「人の生涯を請合ふ事此法は甚だ入組たることなり素人同士組合を結て若し組合の内に病気其外災難に逢ふ者あれば組合一統より金を出し合せてこれを救ひ又は死後に其妻子を扶助することあり」，火災請合（保険）は「家宅諸道具商売品田畑山林等を請合ひ火事又は雷の落ることあるときは其損亡を償ふ商人の組合ありこれを火災請合といふ」，海上請合（保険）は「渡海中船の災難を請合ひ万一其船難船するか又は賊船に掠取るゝ等のことあるときは船并（ならび）に荷物の代金を償ふ仕法ありこれを海上請合といふ西洋諸国に海上の請合を渡世にする商人の組合多けれども其最も盛なるものは英吉利（いぎりす）のロイドなり」と紹介している（福沢・吉田［2008］）。

　福沢の記述には，生命保険と損害保険（火災保険・海上保険）の本質が的確に示されているが，現行商法では「生命保険契約ハ当事者ノ一方カ相手方又ハ

第三者ノ生死ニ関シ一定ノ金額ヲ支払フヘキコトヲ約シ相手方カ之ニ其報酬ヲ与フルコトヲ約スルニ因リテ其効力ヲ生ス」(商法第673条),「損害保険契約ハ当事者ノ一方カ偶然ナル一定ノ事故ニ因リテ生スルコトアルヘキ損害ヲ塡補スルコトヲ約シ相手方カ之ニ其報酬ヲ与フルコトヲ約スルニ因リテ其効力ヲ生ス」(商法第629条) と定義されている。

生命保険は実際の損害額に関係なく,保険契約によって事前に決められている金額を保険金として受け取ることができる「定額払い」方式を採用しており,損害保険は実際に生じた損害に見合う金額を補償する「実損払い」方式によって保険金が支払われるシステムとなっている。

わが国における生命保険は,1880 (明治13) 年に安田善次郎によって組織された共済五百名社 (明治安田生命の前身) を起源とし,1902年,相互会社としては日本で最初となる第一生命が矢野恒太によって設立された。

損害保険は,1879年に海上保険会社として東京海上保険 (東京海上日動火災保険の前身) が設立され,1887年に火災保険会社の東京火災保険 (安田火災海上保険の前身,現・損害保険ジャパン) が設立された。わが国の損害保険は,海上保険と火災保険を中心に発展してきたが,戦後のモータリゼーションを契機に,現在では自動車・自賠責保険が主力商品となっている。

本章は損害保険の本質を反映した経営改革を通じて損害保険事業の基盤を築いた各務鎌吉,今日の生命保険会社では一般的な形態となった相互組織による生命保険事業を推進した矢野恒太の企業家活動を通じて,わが国保険事業の特質とその発展のプロセスを明らかにしていきたい[1]。

各務鎌吉――近代的会計手法による損害保険事業の改革者

1 損害保険の誕生―商人の知恵から生まれた海上保険―

　戦前期の損害保険は，大きく海上保険と火災保険に分けられる。各務鎌吉は日本の海上保険史においてずば抜けた功績を残し，わが国損害保険の基盤を作り上げた人物である。

　各務の事績を振り返る前に，ヨーロッパを起源とする海上保険の歴史について俯瞰しておこう。海上保険は中世イタリアで生まれた冒険（海上）貸借（bottomry）[2]から発達したとする見解が有力である。古代ギリシア・ローマ時代にも海上貸借といわれるシステムは存在したが，航海リスクが比較的小さかった地中海貿易の発達とともにイタリアにおいて船舶や積荷を対象にした危険分担の手法として大きく発展した。現代とは異なり，事故の発生確率を統計的に把握することができない時代の話である。冒険貸借という名が示すようにハイリスク・ハイリターンの契約であり，元金に対する利息は，1航海につき2～3割の高水準であった。

　1230年，ローマ法王が公布した利息禁止令によって冒険貸借は禁止されてしまう。しかし，地中海貿易の進展によって，海上輸送に伴うリスク分散の必要性はますます高まり，北イタリア諸都市の富裕層が保険の引受人となって海上保険が始まったのである（東京海上［1979 b］）。

　創成期の損害保険の歴史とは海上保険の発達史にほかならないが，海上保険は14～15世紀の商業革命期に北イタリアで誕生し，17世紀にイギリスを中心とする海運業の隆盛にともない商人のサイドビジネスから発展したという見方が一般である（東京海上［1979 a］）。

　17世紀中頃，ロンドンには多数のコーヒー店が誕生した。エドワード・ロイド（Edward Lloyd）が営んだコーヒー店（Lloyd's Coffee House）は，後に

各務鎌吉
（出所）東京海上火災保険編・刊［1979a］。

損害保険のメッカへと発展していった。ロイドは集客のため，さまざまな情報を集めてコーヒー店の客へ提供した。同業者に先駆けていち早く情報を入手できるロイドのコーヒー店は商人たちの情報拠点となった。そこにはビジネスチャンスやリスク回避につながる有益な情報が行き交っていたのである。

ロイドが集めた情報は，気象，海流，国際情勢など海運や貿易に関するものが多く，店には船主，荷主，保険業者などが多数集まった。1713年，コーヒー店の常連客たちによって設立されたのがロイズ[3]であり，ここを拠点に個人的な海上保険の引き受けが行われるようになっていく（東京海上［1979b］）。

1720年，株式会社形態を持つ勅許保険会社としてLondon AssuranceとRoyal Exchange Assuranceの2社が設立された。両社は海上保険の引受が独占的に認められていたため，会社組織の保険会社は海上保険の引受が一切できなくなった。幸いロイズは個人企業であるため，引受の禁止をまぬがれたのである。勅許会社は海上保険のみならず火災保険の営業にも力を注いだため，ロイズはロンドンにおける海上保険の大半を占めるまでに成長していく（東京海上［1979a］）。19世紀に入ると，イギリス以外の欧米諸国でも海上保険会社が数多く設立されるようになった。

2 わが国保険事業の創成

(1) 保険類似制度の誕生

わが国における貿易貸借は，17世紀初めの朱印船貿易時代にポルトガル人が伝えた。「抛銀（なげがね）」といわれるものである。「抛銀」は貿易や航海についての知識を持つ資本家と荷主の間で結ばれ，保険料に相当する利息は，1航海あたり3〜8割であったといわれる（東京海上［1964］）。しかし，江戸幕府の鎖国政策によって「抛銀」は消滅してしまう。

わが国で独自に発達した海上保険に類似する取引に「海上請負」がある。江戸時代の菱垣廻船や樽廻船に代表される，海上定期輸送が生み出したリスク回避の仕組みである。海上請負は，海難で積荷に損害が生じた場合，廻船問屋または船主が損害を負担する運送契約であり，損害の補償費用は運賃に上乗せさ

れていた。つまり，廻船問屋または船主が運送人であると同時に海上保険の引受者となる制度である（東京海上［1964］）。1979（明治12）年に東京海上が創設されるまで，「海上請負」が商業取引におけるリスクマネジメント機能を果たしてきた。

明治維新後，わが国はイギリスを中心に発達した近代的保険制度に基づく海上保険や火災保険を導入した。福沢諭吉は慶應義塾において欧米の保険制度（請合制度）を講義している。学校教育に保険が取り入れられたのも意外に早く，1878年には三菱商業学校で保険が専門科目として採用され，1879年には東京大学で海上保険法の講義が開始された。

(2) 東京海上保険会社の創設

1879年，わが国最初の保険会社として東京海上保険会社が設立された。同社設立の経緯は，1872年に高島易断の開祖である高島嘉右衛門が構想した東京～青森間の鉄道敷事業に遡る。この事業の発起人には有力大名が名を連ねていたが，明治政府は鉄道新設事業が莫大な事業資金を必要とし，事業リスクも大きいことから華族の事業としては相応しくないと判断した。

一方，華族が経済的自立を果たすための事業も必要であることから，政府は収益見通しの明るい既設鉄道（新橋～横浜）の払い下げを提案し，渋沢栄一を総理代人とする事業組合が発足した。しかし，金禄公債制度の施行が華族の財政に影響を及ぼし，鉄道払い下げ事業は白紙撤回されるに至った。

この事業に関係した華族は鉄道事業に替わる新たな事業を模索し，①海上保険会社，②株式取引所，③北上川開墾野蒜築港の三事業が候補となった。鉄道が未発達であった当時，物流の中心は海上輸送である。海上輸送のリスク負担の必要性に注目した渋沢は，海上保険会社の設立を主張し，後に東京海上保険会社の支配人となる益田克徳に調査を委嘱した（東京海上［1964］）。

欧米先進国に追いつくため，明治政府は官営模範工場を設立して殖産興業政策を推し進めた。わが国における損害保険の発展も，殖産興業政策を抜きに語ることはできない。産業化の進展に伴う物流の活発化は海運業の成長を促し，海上保険に対する関心も高まった。

明治初期，わが国の国際的な海上物流は，アメリカの海運会社に独占されて

表 6-1 設立時の株主

株主	持株数	株主	持株数	株主	持株数	株主	持株数
岩崎弥太郎	1,100株	柏村　信	90株	久松定謨	50株	山本　栄	33株
蜂須賀茂韶	828株	井伊直憲	80株	河崎真胤	50株	池内久親	33株
毛利元徳	410株	池田輝知	60株	勝部静男	50株	井上　喬	30株
徳川慶勝	280株	松平慶永	60株	吉田忠巳	50株	蒲　義質	30株
松平頼聡	250株	松平茂昭	60株	寺西成器	50株	杉山　勧	30株
池田章政	200株	前田利嗣	58株	池田茂政	40株	金田師行	30株
山内豊範	100株	伊達宗城	50株	亀井茲監	40株	渋沢栄一	30株
二橋元長	100株	伊達宗徳	50株	日野春岬	39株	三井物産	30株
荘田平五郎	100株	久松勝成	50株	西園寺公成	36株	三井銀行	30株

（注）30株未満の株主は省略。
（出所）東京海上［1964］283～284頁。

いた。これに対抗するため，1870年に廻漕会社，1872年に日本郵便蒸気船会社が設立されたものの，いずれも外国海運会社との競争に敗れた。明治政府は，外国海運会社を排除するために岩崎弥太郎が率いる三菱会社を保護し，日本近海における航権を与え，外国海運会社の排除に成功した。

　海上保険に対する岩崎の認識は必ずしも高くなかったが，外国人との取引が拡大するにつれて，その必要性を強く感じるようになる。1876年，明治政府に対して保険会社の設立と保険営業許可の申請を行ったが，大隈重信大蔵卿らの反対にあって申請は却下された。

　1878年，華族の出資を中心とする東京海上保険会社の設立計画が固まった。同社設立の実質的リーダーであった渋沢栄一は，岩崎に対して東京海上保険会社への出資を要請した。新会社が三菱の支配下に置かれることを回避するため，渋沢は三菱の出資比率を１／３以下とし，役員選任も渋沢に一任することを条件として提示した。明治政府から保険営業を却下されたものの，保険事業の必要性を強く感じていた岩崎はこの条件を受け入れた。こうして，わが国損害保険業界のリーティング・カンパニーである東京海上保険の歴史が始まったのである。

3 経営危機の到来

(1) ライバル会社との競争

1893（明治26）年，競争会社の出現で東京海上の独占体制は崩れた。日本海陸保険株式会社，帝国海上保険株式会社（旧安田火災海上保険の前身の一部），大阪保険株式会社（旧住友海上火災保険の前身）が相次いで設立された。また，火災保険専業会社として1887年に東京火災保険会社（旧安田火災海上保険の前身の一部）が設立されたのを皮切りに，明治火災保険株式会社（旧東京海上火災保険の前身の一部），日本火災保険株式会社が続いた。明治期の損害保険は，海上保険専業会社と火災保険専業会社がそれぞれ独自の事業を展開しており，東京海上が火災保険を併営したのは1914年のことである。

創業当時の東京海上は，東京，大阪，北海道，新潟，富山，石川，福井が主な営業地域であった。そこでは鰊粕や米などの物品輸送に対する保険契約の引き受けを行っていた。国内隔地間の売買取引で利用された荷為替には保険を付けることが条件となっていたことも幸いした。ライバル会社が出現するまで，東京海上は海上保険を取り扱う国内唯一の保険会社として高い水準の保険料率を維持することができたのである。

片岡直温[4]が率いる日本海陸保険株式会社の登場で，東京海上の独占的地位は脅かされることとなった。営業地域や保険の対象もほぼ同じであり，両社は激しい顧客争奪戦を繰り広げた。帝国海上の設立によって，保険料のダンピングが「無事戻し」「期末戻し」という名目の下で常態化していった。公益性が求められる保険事業にとって，激しい価格競争は好ましい状況ではなかった。しかし，保険契約の獲得を巡る企業間競争がリスクや保険思想への理解を促進したという側面も持っていた（稲垣末三郎[1951]）。

(2) 損害保険経営の特殊性

国内での競争会社の出現やイギリスにおける海外営業の収支悪化によって，東京海上の経営状態は急速に悪化していく。イギリスにおける保険事業の失敗は，保険経営の特殊性に対する経営陣の理解の乏しさによるものであった。保

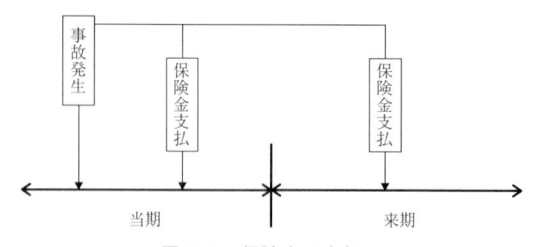

図 6-1　保険金の支払い
（出所）小暮 [2010] 107 頁をもとに筆者作成。

険経営の根幹をなす損害保険経理の特色についてみておこう。

　損害保険経営においては，保険契約の期間と期間損益算定上の会計期間が必ずしも一致していない。例えば，当期に発生した事故については，当期中に保険金が支払われる場合と来期に支払いがずれ込む場合がある。当期中に支払われる保険金だけを損失計上して，来期に支払われる保険金を当期損失に含めずに決算を行うことは，保険会社の損益実態を正しく反映していないことになる。

　東京海上支配人の益田克徳が示した損益決算および利益処分方法は，すべての収入を保険料収入と資本収入とを分け，保険料収入から経費等を差し引いた営業利益を役員賞与と積立金とし，資本収入は株主への配当に充当するというものであった。これは現計計算方式と呼ばれる手法であるが，当期中に支払われる保険金だけを損失に計上して，来期に支払われる保険金を含めずに決算を行うという方法に他ならなかった（東京海上 [1979 a]）。

　ロンドンにおける海外営業の大赤字と国内の保険料収入の鈍化によって，1895（明治 28）年下季は無配に転落したが，1891 年下季〜1894 年上季の配当率は 16％ という高い実績を誇っていた。明治政府も東京海上の決算方法について疑問を呈することなく，むしろ高い配当率を歓迎していた。東京海上の高収益は，損益の実態を的確に反映しない会計手法が生み出していた虚像であった。こうした杜撰な利益処分が見過ごされた原因は，ひとえに損害保険経理に対する知識不足によるものであった。

4 各務鎌吉の登場

(1) 各務鎌吉の生い立ち

　1868（明治元年），各務鎌吉は岐阜県稲葉郡方縣村（現在の岐阜市安食）で各務省三の次男として生まれた。1877年，父の仕事の関係で東京に転居。1884年，東京府立中学校（後の東京府立第一中学校）を優秀な成績で卒業した。

　省三は駅逓寮を退職し京橋で葉茶屋を営んだが，素人商いは早々と行き詰まってしまう。貧しいながらも子供の教育には熱心で，兄幸一郎と鎌吉の学業を途中でやめさせるようなことはなかった。しかし，家計の逼迫は如何ともし難く，兄弟は家計を助けるため茶箱を担いで御用聞きに回った。

　中学卒業を控えた各務の進学意志は固く，学費が不要な海軍兵学校，陸軍士官学校，東京高等商業学校（一橋大学の前身）の中から東京高等商業学校へ進学した。進学先を決めた理由は中学時代に英語と算術が最も得意だったからである。同校では深い交誼を結んだ平生釟三郎[5]（東京海上保険専務取締役），水島鉄也（神戸高等商業校長），下野直太郎（東京商科大学教授・簿記会計学）らと出会っている。

　1888年，東京高等商業学校を卒業後，京都府立商業学校の教師として赴任。簿記，商業算術等を講義した。当時，高等商業学校卒業生で企業や銀行に入社しない者は，地方学校の教師として就職するのが一般的であった。教師としての評判は良く，そのまま教師の道を歩めば校長への道も開かれたに違いない。しかし，各務は教師生活に物足りなさを感じており，1890年，同校を辞して大阪府立商品陳列所（大阪工業技術試験所の前身）に監事として入社している。

　同所は外国人バイヤー向けに，国産品や国内企業の紹介を行っていた。各務の英語力が評判となり，彼を目当てに訪問する外国人バイヤーも多かったようである。住友財閥総理事の伊庭貞剛も鎌吉の能力を高く評価し，住友への入社を勧めたほどである。将来は貿易関係の仕事に就きたいという希望を持っていた各務は，陳列所が所有する欧米の財政経済に関する原書を貪るように読破し

ていった。

(2) 東京海上への入社

その頃，東京海上は三菱財閥出身の荘田平五郎（取締役）と，益田克徳[6]（支配人）が経営の実権を握っていた。益田克徳は商業学校時代に海上保険を学んだ経験を持っていたため，損害保険事業に詳しい人材として渋沢が送り込んだ人物である。しかし，保険経営については素人同然であった。経営危機に陥った東京海上を再建するため，有能な人材を外部から登用することが喫緊の課題となっていた。

このような折，各務は東京商業学校校長矢野二郎から東京海上入社の誘いを受ける。矢野の実妹は東京海上支配人益田克徳の実兄である益田孝の妻であった。おそらく益田兄弟が矢野に対して人材の紹介を依頼したのであろう。

1891（明治24）年，各務は東京海上を受験した。結果は受験者3名全員が不合格となった。しかし，抜群の英語力が目にとまった各務は，再選考の末に書記として採用されたのである（東京海上 [1979 a]）。得意先回り，帳簿係，ロンドンへの電報係など保険業務に関するさまざまな実務を経験し，入社3年目に単身ロンドンへの赴任を命じられる。ロンドンにおける保険営業を建て直すため，各務に白羽の矢が立ったのである。

5 ロンドンにおける保険事業の再建

(1) 各務の渡英

各務の渡英は，1894～98年と1898～99年の二度に及んだ。イギリスにおける営業不振の原因は，保険収入と損失顕在化のタイムラグによるものであった。東京海上が採用する「危険損失準備積立金」方式は，営業収入と保険金（損失）が別々に計算されていた。各務はこの方式の欠点を改善すべく，営業収入の決算を6ヵ月遅らせて保険金の支払いに充当させるという具申を行った。しかし，この提案が採用されることはなかった（稲垣末三郎 [1951]）。

1982年以降，Liverpool代理店（I. H. Talbotに代理店を委嘱）から逆為替の依頼が急増し，東京海上の経営を圧迫し始めた。保険経営に対する本質的理

解を欠いていた経営陣も，事の重大性を認識するようになった。危機感を抱いた渋沢は，各務をロンドンに派遣して原因究明と改善策の立案にあたらせることを決意した。荘田平五郎と益田克徳もこの提案に同意し，各務のイギリス派遣が正式に決定された。明治期を代表する優良企業であった東京海上の将来は，入社4年目の青年社員の双肩に託されたのである。

(2) イギリスにおける保険事業の実態

ロンドン着任後，直ちに損害率が悪化していたLiverpool代理店の実態究明に着手した各務は，古い船名録を取り寄せて1890年以降の引受内容を船舶と貨物とに区別するという膨大な作業を進めた。その結果，営業開始初年度から損失が発生し，その後も保険金の支払いが拡大している事実を掴んだ。各務の綿密な調査によって，イギリスにおけるアンダーライティング（Underwriting：保険契約の引受）の問題点が次第に明らかにされていった。

アンダーライティングとはリスク選択を意味し，保険会社はリスクの低い良質な案件を選別して契約するのが原則である。一方，ハイリスクの案件であっても引き受けを拒絶するのではなく，リスクに見合った保険料を提示して契約を引き受けることもある。保険営業のポイントは，申し込まれた契約に内在するリスクを見極め，リスクに見合った保険料を徴収できるか否かという点にある。

東京海上が委託したLiverpool代理店は，アンダーライティングに問題があった。同代理店の引き受けた保険契約は，イギリス国内の保険会社が拒絶したハイリスク案件で占められていた。ハイリスクであっても，契約を引き受ければ代理店には手数料が入る。保険金の支払いは保険会社の損失となるが，代理店の収入には影響しない。手数料稼ぎのためにハイリスク案件を引き受けているというLiverpool代理店の実態が明らかとなった。

各務はLiverpool代理店の保険引受を禁止し，Londonのゲラトリー商会に代理店を委嘱した。しかし，代理店を変更しただけではイギリスでの事業収支は改善しなかった。ゲラトリー商会は現計計算方式を採用していたため，各務は同社の保険収支を年度別計算方式に変更して収支状況を再計算したのである。その結果，営業開始初年度から損失が発生していたことを突き止めてい

る。

　各務は実態調査の結果から現計計算方式の持つ構造的欠陥を確信し，年度別計算方式への変更を経営陣に対して強く進言している。その結果，東京海上は1899年から年度別計算方式を採用することとなった。年度別計算方式は欧米諸国では既に広く普及しており，とくに目新しいものではなかった。

　イギリスの海事雑誌「フェアプレー」は，日本の保険会社が保険料収入をすべて利益計上して損失は別のreserve（準備積立金）から支出するという奇異なバランスシートを作成していることを批判し，いずれ日本の保険会社は経営に失敗するであろうと指摘していた（稲垣末三郎［1951］）。日本国内においても，保険会社が高配当政策を実現するため，現計計算方式を採用しているという批判が少なからずあった。

　現計計算方式の欠陥は，単年度内の収入保険料から営業費用および当該年度に発生した保険損失のみを差し引き，翌年度の未経過期間に対する責任準備金を全く想定していない点にあり，保険会社の特殊性を無視した不合理な損益算定方法である。また，営業収入の多寡にかかわらず株主配当を実施するため，資本収入を当初から別建てにするという考え方は安全性の観点から多くの問題点を含んでいた。当時の東京海上は，打ち続く保険金支払いによって極度の経営不振に陥っていた。

　各務は自ら考案したポリシー・イヤー（policy year）別計算方式の採用を本社に具申したが，役員たちの理解を得ることはできなかった。この計算方式は，ポリシー・イヤー・ベイシスロスレシオ（policy year basis loss ratio）といわれるものであり，当期中の収入保険料に対して，当期発生の事故に関する保険金の支払いを，何年かかろうと全て把握して最終的な損害率を計算するものである（小暮［2010］110頁）。

　1895年，益田克徳と荘田平五郎が相次いで渡英し，各務は自ら執筆した「英国保険視察報告書」による詳細な報告を行った。彼が指摘した問題点は，適正なアンダーライティングの実施によるハイリスク契約の排除，各種リスクに関する統計データを整備して成り行き的営業からの脱皮という二点に集約される。

(3) 保険業法の制定と年度別計算への以降

保険会社に対する監督行政にも変化の兆しが見えはじめた。保険事業に関する法規は商法で規定されていたが、政府部内には商法とは異なる単独の立法によって保険事業を監督すべきという意見も根強かった。1896年、法典調査会は次の三点について決議を行っている。(1)保険会社に関する特別法は、商法中保険に関する規定を議決した後、これを起草する。(2)特別法が制定されるまで、保険会社は相互会社を除くほか、株式会社たることを要する。(3)相互会社といえども政府の免許を必要とする。

1898年、安田財閥系の共済生命で支配人を務めていた矢野恒太は、保険事務官として農商務省に採用され保険業法の作成に着手している。1899年に施行された保険業法は、現計計算方式を廃止し、保険契約準備金の積立制度の導入を規定している。保険会社の経営基盤を強化するうえで、この規定は大きな役割を果たした。イギリスに滞在中の各務は、生命保険研究のためドイツに派遣されていた矢野とも交誼を結んでいる。

海上保険における責任準備金のあり方について、矢野から意見を求められた各務は「収入保険料からその契約のために支払った損失金および一般営業費を控除した残額を直ちに利益として計上するのは誤りであり、全額を保留して二年目において支払うべき損失金に充てるべきである」(稲垣末三郎 [1951] 83頁) と述べている。彼の見解は保険業法施行規則に定められた責任準備金積立

表6-2　年度別計算への移行に伴う損失金

	明治29年度勘定	円
①	損失額（明治30年1月1日～31年12月31日）	502,713.796
②	明治29年末における積立金	560.943
③	差引損失（①—②）	502,152.853
	明治30年度勘定	
④	通算損失額（明治30年1月1日～31年12月31日）	14,094
⑤	責任未済準備として計上額	142,496
⑥	合　計（④＋⑤）	156,590.631
⑦	明治31年下半季分資本収入	10,907.792
⑧	損失差引（⑥－⑦）	145,682.839
	明治29年度・明治30年度損失合計（③＋⑧）	647,835.692

（出所）東京海上 [1979 a] 194頁をもとに筆者作成。

方式に反映されている。

　各務の建策を重視した東京海上は，損失金の処理や決算方法の改正に取り組んだ。その内容は(1) 1899年6月以降，現計計算を年度別計算に変更する，(2)減資を行う，(3)政府に対し下付金の申請を行うというものであった。

　表6-2に示したように，年度別計算方式への移行に伴う損失金額は64万7,835円に達した。この損失に対し政府による下付金25万9,134円，減資37万5,000円，大阪支店地所建物の評価増2,770円，所有株式の評価増1万931円をもって補塡している。

　期間損益を適正に計算するため，現在はアーンド・ベーシス・ロスレシオといわれる損害率が指標とされている。これは契約の増減に影響されることなく，当期中の発生事故の保険金を反映しており経営判断にも活用されている。

$$\text{アーンド・ベーシス・ロスレシオ} = \frac{\text{支払保険金} + \text{当期末備金} - \text{前期末備金}}{\text{既経過保険料}} \times 100\%$$

図6-2　アーンド・ベーシス・ロスレシオの計算式
（出所）小暮［2010］108頁をもとに筆者作。

　図6-3で示すように，前期末における備金は，当期に支払われたアと来期に支払われるイ（当期末は未払いのため備金計上）の合計（前期末備金＝ア＋イ）。当期中の支払保険金は，前期に発生したアと当期に発生したウの合計（当期支払保険金＝ア＋ウ）。当期末における備金は，来期以降の支払いが予定されているイとエの合計（当期末備金＝イ＋エ）。

　分子部分を上記計算式に当てはめると「(ア＋ウ)＋(イ＋エ)−(ア＋イ)＝ウ＋エ」となり，［ウ＋エ］が当期に発生した保険金として認識されるのである。東京海上では，保険業法施行に先立って年度別計算方式へ移行していたが，日本海陸保険のように，計算方法の改正による損失金の増加によって解散に追い込まれた事例もあった。

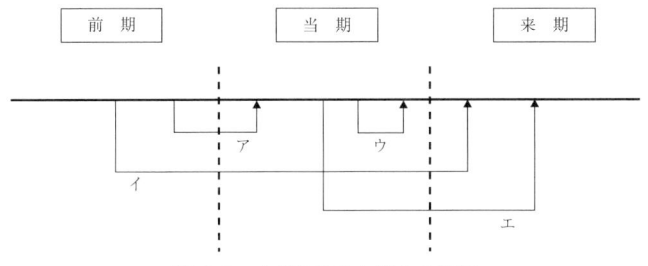

図6-3 支払保険金と備金の関係
(出所) 同前。

(4) 各務の改革構想

1996年,各務は「英国代理店営業報告および意見書」を上梓し,経営改革に関する具申を行った。イギリスで保険営業が成功するためには,(1)会社自身の資力信用,(2)会社の有する縁故および後援者,(3)人材,の三点が必要であると述べている(東京海上[1979 a])。

ロンドンの保険会社はアンダーライティングの見識が高く,特別の知識と経験を有する人材によって支えられている。保険会社にオファーされた案件について,リスクの良し悪し,契約引受の可否,適用する保険料率など,最後は人間の判断力が決め手となる(稲垣末三郎[1951])。各務はイギリスにおける経験を踏まえ,帰国後の東京海上において徹底した人材育成を図った(岩井良太郎[1955])。

ロンドンでの保険事業に失敗した最大の要因は,アンダーライティング能力の乏しい代理店をパートナーとして選んだ会社自身の責任である。当時の東京海上には,アンダーライティングを正しく理解し実践できる人材はいなかった。

各務は1898年4月に一時帰国し,同年8月に再び渡英する。二度目の渡英目的は,東京海上ロンドン支店を閉鎖し,同社の保険営業を委嘱する有力な代理店を見出すことであった。1899年,各務は新たなパートナーとして,ウィリス・フェーバー商会への代理店委嘱を決断する。同商会はロイズに加入する海上保険ブローカーであり,保険料取扱高で全英第一位の実績を誇っていた。さらに,さまざまなリスクに対する豊富な経験と見識を持ち,手数料稼ぎのためにハイリスクな契約を引き受ける危険性は感じられなかった。

幸いなことに東京海上は同商会と代理店契約を結び，貨物保険の包括再保険契約の締結にも成功している。当時のわが国損害保険会社は外国保険会社と包括再保険契約を締結しておらず，個別契約ごとに再保険契約を結ぶことを余儀なくされていた。

　高額な保険契約を引き受けている場合，事故が発生すると莫大な保険金を支払わねばならない。保険会社は業績を不安定にする要因を常に抱えている。そこで，経営への影響度を勘案して，引き受けた保険契約上の責任の一部または全部を他の保険会社に引き受けてもらうことが必要となる。この保険契約が再保険であり，再保険は保険会社が安定した経営を行っていくうえで，大きな役割を果たしている。ロンドンにおける再保険ルートの確保によって，東京海上は国内での積極的な営業展開が可能となったのである（東京海上［1979ａ］）。

6 各務鎌吉の経営思想

　1917年，専務取締役に就任した各務は，明治火災保険会長（1922年），三菱海上火災保険会長（1925年），三菱信託会長（1927年），日本郵船社長（1929年）など三菱財閥系企業や貴族院議員（1930年）の要職を歴任し，三井財閥の池田成彬とならんで三菱財閥を代表する経営者として活躍した。

　福地桃介は，俗人受けはしないが会社のため株主のためには，またとない忠実な公僕であると各務を評している（福地桃介［1990］）。彼は一社員として東京海上に入社し，その実力によって経営トップに登りつめた典型的なサラリーマン経営者である。その意味では，実務の人，実力の人であった。

　ロンドンの「ザ・タイムズ」紙は各務の訃報に際し「稀に見る判断，先見の明，知力に絶大なる努力，勇気，忍耐が統合され，いずれの国にあっても，また，人生のいずれの場合においても，誠に卓越した人物であった。5年間におよぶロンドン滞在を通して，ロンドンの保険市場における保険者の高い道徳性，慎重な行動から深く影響を受け，以来，東京海上保険会社のアンダーライターとして，顕著な成功をおさめた。各務氏は，一生を通じて清廉・公正・深慮という行動理念と如何なる取引においても双方に満足を与えるという経営理念を堅持した」（1939年6月2日記事）と報じた。各務は東郷平八郎・昭和天

皇に次いでアメリカの「TIME」誌の表紙を飾った人物でもあり、海外における信頼感は絶大であった。

　各務は保険会社経営の根幹は信用にあると説いている。信用は会社資産の多寡によるものではなく、社員の人格および行動から生まれる。また、商業上の信用は無形財産であるが、有形財産の蓄積は無形財産から生み出された結果であり、経営者は顧客や社会から信用を得るために、最大限の努力を払うべきであると主張する。「人間として利己心を有する限りやむを得ぬことであるが、保険事業ほど信用に対しては、他のすべてを犠牲にしてもあくまで之を守り通さねばならないという美点を有する事業は他にないと信ずる」(稲垣末三郎[1951] 57頁) という言葉に彼の経営観が示されている。

　明晰な頭脳と情に流されない意思決定、会社の金は一銭たりとも無駄にしなかったことから冷徹な男とみられてきた。しかし、その本質は、無私の精神、磨き抜かれた知力、凄まじい意志力が渾然一体となった企業家であった。

　終生大切にした言葉は「How to say 'NO' nicely」である。断りきれず不本意ながら引き受けた保険契約は大きな損失をもたらす場合が多かった。相手が納得するように穏やかにNOを言える者は、何事も成すことができるのである。厳しさの中にも、相手を思いやる各務の人柄を偲ばせる言葉である (稲垣末三郎[1951])。

　1939年5月、各務は東京海上取締役会長在職中に71歳の生涯を閉じた。48年の長きにわたり東京海上の歴史と共に歩んできたその生涯は、わが国損害保険の発展史そのものであった。あくまで東京海上一筋の企業家人生は、東京海上退社後に政財界へ活動領域を広げた盟友平生釟三郎とは極めて対照的であった。1970年、矢野恒太とともに世界保険殿堂入りを果たしている。

矢野恒太―相互主義による生命保険事業の確立者

1 近代生命保険の生成と発展

(1) イギリス

　生命保険の起源は，古代ローマのコルレーギア・テヌイオールム（collegia tenuiorum）やイギリスの友愛組合（Friendly Society）とされる（生命保険文化研究所［1990］）。いずれも相互扶助を目的として誕生した自発的組織であり，地域的あるいは宗教的な結びつきが強かった。

　1698年，イギリスで世界初の生命保険会社であるMercers' Companyが設立されたが間もなく消滅している。1706年，Amicable Society[7]という相互組織の生命保険会社が現れたが，保険金や保険料の算出方法に欠陥があった。1721年，海上保険会社[8]が生命保険事業に進出している。

矢野恒太
（出所）公益財団法人　矢野恒太記念会。

　近代的な生命保険は，1762年に設立されたEquitable[9]が展開した科学的生命保険から始まった。同社が開発した死亡率に基づく統計的な合理性を持つ保険料は，生命保険の飛躍的な発展を可能とした。

　Equitableは，生命保険の価格は被保険者の年齢によって決められるべきという考えに従い，ロンドンの死亡統計をもとに新たな料率表を作成した。さらに加入時審査の強化，保険金額の制限，定期決算や契約者配当の実施，公平な解約返戻金の支払い等の制度を整備している。同社の組織は相互会社形態を採り，募集活動に従事する外務員も配置していない。業績面では華々しい成果は

表6-3　イギリスにおける生命保険会社の推移

	1800年	1824年	1840年	1855年
会社数	9社	55社	107社	199社

（出所）生命保険文化研究所［1990］15頁。

上げていないが，死亡表や保険約款を改善するなど生命保険事業の基盤を築いた功績は高く評価されている（矢野［1929］）。

　1792年，Westminster Societyが設立される。同社は生命保険の販売に外部者（組織）を活用した最初の会社である（生命保険文化研究所［1990］）。イギリスでは医療技術の進歩，死亡率の低下，経済発展の担い手である商工業者の生命保険に対する理解などを背景に，生命保険事業への進出が活発化していた。

(2) ドイツ

　ドイツでは生命を貨幣的に評価することに否定的な考えが支配的であった。但し，寡婦年金などは例外的に認められていた。1700年代，ドイツ国内での生命保険設立はみられない。イギリスの産業革命の影響を受けて，後進国のドイツでも産業活動が活発化し生命保険に対する国民の意識にも変化が見られるようになった。自前の生命保険会社を持たないドイツでは，人々はイギリスの生命保険会社と契約をしていたのである。

　1827年，ゴータ生命保険相互会社（Gothaer Lebensversicherungsbank auf Gegenseitigkeit）が設立され募集活動を開始した。創業者はゴータ火災保険銀行創業者であるErnst Wilhelm Arnoldiである（生命保険文化研究所［1990］）。同社は株式会社ではなく相互会社組織を持った保険会社の嚆矢である。矢野恒太は，1895年9月から翌年12月まで同社に留学し，相互保険事業の経営を体得している。

2 わが国生命保険事業の沿革

　わが国における本格的な生命保険会社の歴史は，1881年に設立された有限明治生命保険会社（旧明治生命の前身）から始まる。近代的保険制度を日本に伝えたのは福沢諭吉であるが，慶應義塾において保険に関する講義は早くから取り入れられ，福沢門下を中心に生命保険会社設立の機運が高まっていた。その中には，東京海上の取締役として活躍した荘田平五郎も含まれていた。

　1880年，荘田平五郎は，福沢門下の小泉信吉や阿部泰蔵らの協力を得て，

東京生命保険会社創起見込書を起草している。これは1879年に設立された東京海上保険会社を範としたものであり，外国の生命保険事業を参考にして株式会社組織の明治生命保険会社が設立されたのであった。わが国の近代的生命保険会社は相互会社ではなく株式会社として誕生したのである。

　明治生命が設立される2年前に相互会社による生命保険会社の設立が計画されていたことは，あまり知られていない。わが国で相互会社による生命保険会社は，1902年，矢野によって設立された第一生命を嚆矢とするが，第一生命設立の約20年前に若山儀一によって計画された日東保生会社があった。

　若山儀一は，1840年に医師の子として江戸に生まれた。緒方洪庵に学んだあと，岩倉遣外使節に随行し欧米にとどまって財政問題の研究を続けた。帰国後いったん大蔵省に勤務するが，1877年大蔵省を辞して日東保生会社の設立を目指したのであった。

　日東保生会社は，若山が岩倉遣外使節に随行した際に知ったアメリカの相互保険会社をモデルとしたもので，1880年9月に認可を受けている。若山は安田善次郎に対して株式会社の資本金にあたる基金への出資を要請したが，出資を拒絶されている。そのため，当初から資金難に見舞われ，さらに開業までに獲得する予定であった社員（契約者）100名の募集も頓挫し，結局開業に至らないまま解散したのだった。

　明治生命設立の前年，安田善次郎によって共済五百名社が誕生している。同社は1名1,000円の死亡保険金を給付する仕組みを有し，わが国独自の生命保険思想の実現を試みたが，共済生命（1894年設立）に吸収された。

　その後，1888年に帝国生命（朝日生命の前身），1889年に日本生命が相次いで設立された。帝国生命と明治生命は保険料算出に英国十七会社表を使用したが，日本生命が外国の生命表にかえて日本人の生命表（藤沢氏第二表）[10]を用いたことは画期的であった（矢野［1929］）。株式会社形態を有するこれらの3社が，黎明期のわが国生命保険業界をリードしていった。

3 生命保険との出会い

(1) 生い立ち

　わが国最初の相互会社方式による生命保険会社を設立する矢野恒太は，1865（慶応元）年，岡山県上道郡上道町（現在の岡山市東区）に医師矢野三益の長男として生まれた。

　1873年，小学校に入学し福沢諭吉の『学問のすすめ』を学んだ。また，小学校に通うかたわら，星島良平塾で漢文を学んでいる。後年，矢野は『ポケット論語』を出版するが，漢文の素養は幼年時代に養われた。

　1878年，家業を継ぐべく岡山医学教場（現在の岡山大学医学部）へ入学した。1880年，矢野は学校や両親に無断で上京し医学教場を退学している。矢野は退学理由について，終生その真相を語ることはなかった。

　上京後，東京帝国大学法科で学んでいた郷里の先輩津下正高を頼り同宿を許された。両親から東京遊学の許しを得た矢野は，東京帝国大学医学部受験のため東京独乙語学校に入学。半年後，東京帝国大学医学部予科に合格したものの，再び郷里の岡山県医学校（岡山医学教場が改称）に入学している。在学中，同校は第三高等中学校医学部へ改組された。1889年，24歳になった矢野は同校を卒業し，ようやく医者としてのスタートラインに立った。

(2) 日本生命への入社

　1889年，矢野は恩師である清野勇を頼って大阪に出る。矢野は故郷を出て医者としての経験を積むつもりであった。清野は大阪医学校長と大阪病院長の職にあり，日本生命の顧問医を兼務していた。

　当時，日本生命は業容拡大を予想して社医の募集を行っていた。矢野は清野の勧めもあって，日本生命へ入社を決意する。これが矢野と生命保険の出会いとなった。保険医の職を得るまで生命保険に関心はなかった。しかし，探究心に富む矢野は，1年間に500件にのぼる診査をこなし，生命保険の理論や制度など幅広い領域の研究にも励んだ（第一生命編［1972］）[11]。営業社員とも積極的に同行し，生命保険の仕組みや顧客ニーズについて精通していった。

1892年，矢野は同社開業式で社医総代として祝辞を述べる一方，保険医の待遇改善を求めて同社副社長片岡直温と交渉を行った。幸い会社も待遇改善を約束し，事態は収束へ向かった。保険医としての勤務は3年間と心に決めていた矢野は，この一件もあって退社する決心を固めていた。会社からの再三にわたる慰留にもかかわらず，気持ちは変わらなかった。その後，会社は態度を翻して矢野を解職に処した。もともと会社を辞めるつもりであったが，片岡から解雇同然の扱いを受けたことに対して大いに憤慨している（矢野恒太記念会編

表6-4 矢野恒太の研究業績［1893年］

	発行時期	掲載誌	論文タイトル
1	1893年2月	東京経済雑誌	生命保険会社の責任積立金に就いて
2	1893年2月	医海時報	応用医学の一新領地
3	1893年3月	東京医事新誌	保険医
			保険医学
			保険医の職務
			保険医の職務困難
			診査医の困難
			保険医の責任
4	1893年3月	医海時報	保険医学管見一二
5	1893年3月	医海時報	医者はツクヅクいやで候
6	1893年4月	法医学雑誌	保険医学と法医学
7	1893年4月	日本	労働者保険
8	1893年6月	東京経済雑誌	答客問
9	1893年6月	中外医事新報	日本人の命数
10	1893年6月	国会	本邦火災保険策
11	1893年7月	日本	保険会社の監督
12	1893年7月	日本	内国生命病災保険を評す
13	1893年7月	東京医事新誌	保険医最後の処置
14	1893年7月	医海時報	医学統計二つ三つ
15	1893年8月	日本商業雑誌	相互生命保険会社
16	1893年7月～10月	東京経済雑誌	本邦生命保険事業の欠点
			死亡表の不完全
			政府の取締宜しきを得ず
			生命保険の知識に乏し
			保険医其人を得るのも少し
			被保人の取捨寛に失し年増の程度低きに過ぐるものの如し
			非射利主義の会社なし

（出所）矢野恒太記念会編［1957］34～35頁。

[1957]）。片岡への感情的反発は激しく，矢野は帰郷して家業を継ぐことを断念し生命保険の研究に専心する決意を固めた。

退職の翌年，矢野は在職中の研究成果をまとめて『新案生命保険規則』を出版している。相互扶助の精神や契約者への配慮を欠き，営利を目的とした株式会社形態の生命保険会社が乱立している状況を憂いた矢野が，同書を通じて生命保険事業の経営論を世に問うたのであった。

4 相互主義による生命保険事業の推進

(1) 相互主義との出会い

日本生命を解職された矢野は，退職金を生活費に充て生命保険や経済学の文献を渉猟しつつ研究を続けた。ドイツの文献研究から，営利を目的とせず利益は全て会員である契約者に返戻する相互会社の存在を知る。矢野は生命保険の意義を相互扶助の精神を基軸とし，人々が共生する社会を維持するための経済システムであると理解していた。こうした矢野の理念を実現する組織こそが相互会社であり，相互組織を持つ生命保険会社の設立を自ら使命と考えるようになった。

1893年，矢野は生命保険に関する論文16編を執筆している。その中でも特に注目すべきは，「相互生命保険会社」（日本商業雑誌1893年8月），「本邦生命保険事業の欠点」（東京経済雑誌1893年7～10月）である。

前者は，国民に対して保険事業の何たるかを知らしめたのは相互会社の賜物であるとし，最良の生命保険会社はドイツのゴータ生命保険相互会社であると述べている。後年，矢野は同社に留学し，相互主義に基づく生命保険経営の実際を学ぶことになる。後者は，保険料の算出根拠データとして使用されていた死亡表の欠点を指摘するとともに，非射利主義の保険会社がないことを指摘している。

矢野は，一連の研究成果を『非射利主義生命保険会社設立を望む』（1893年）に纏めて自費出版している。同書は，わが国で設立された生命保険会社は悉く射利（営利）を追求する株式会社であるが，非射利（非営利）主義に基づく相互会社は，営業方法が株式会社と異ならないにもかかわらず，株主への配

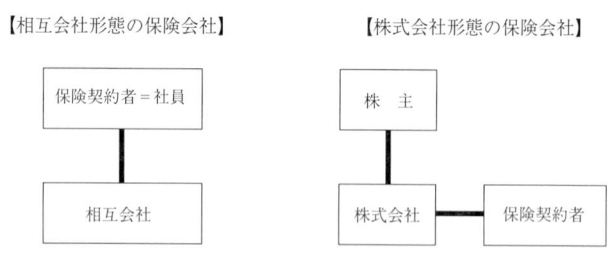

【相互会社形態の保険会社】　　【株式会社形態の保険会社】

図 6-4　保険会社の組織形態比較
（出所）橘木俊詔・植松千裕 [1998]「生命保険相互会社のコーポレートガバナンスを巡る問題について」『文研論集』第 123 号。

当が不要なため保険料を低廉であることや倒産リスクも低いなど，相互会社による生命保険経営の優位を主張している。

　矢野の論文は，当時，共済五百名社（1880 年創設）を経営していた安田善次郎[12]の注目するところとなった。矢野は相互主義に基づく保険事業の実施を提案した。安田が相互主義をどこまで理解したのかについては明らかではないが，矢野の進言を受け入れて共済五百名社を解散し，1894 年，共済生命保険合資会社へと改組している。矢野自身は同社支配人に就任し，営業部門を統括することとなった。

　1895 年，矢野は安田の了解を得て外遊している。目的はドイツのゴータ生命保険相互会社であった。同社はドイツにおける最初の生命保険会社であり，指導的な生命保険会社として，国内外の信用は絶大なものがあった。同社が唱えた相互主義の利点とは次のような内容である。

　相互会社が社員（＝保険契約者）に対して，すべての剰余金を分配するということは，競争を通じて契約者に利益金の大部分を支払うことを余儀なくされる過程で，ある程度までは株式会社に模倣されてきた。しかし，相互会社においては，契約者と利益配当権者との利害対立がないこと，すなわち，相互会社の社員は排他的にすべての剰余金を受け取る権利があるが，その一点において相互会社は株式会社よりも優れているのである。約 1 年間にわたるゴータでの留学生活は，相互主義による生命保険経営に対する確信をますます深めるものとなった。

　帰国の際に立ち寄ったイギリスでは，1762 年に設立されたオールド・エク

イタブル社（Equitable Life Assurance Society の愛称）の営業方針に魅了されている。同社は保険募集に必要不可欠と考えられていた代理店を一切置かない方針を採っており、代理店に支払う募集手数料が不要となるため経費率は低い水準に抑えられていた。

同社の営業スタイルに強い影響を受けた矢野は、保険募集を行う代理店を配置せず、保険契約を引き受ける際のアンダーライティングを厳格に行う方針を採った。帰国後、矢野は共済生命において相互主義を実践するための施策を立案していく。しかし、保険事業で得た利益を契約者に還元するよりも、安田財閥の各事業へ充当すべきと考える財閥幹部との間に齟齬が生じ、1898年、共済生命を退社している。

(2) 保険業法の起草

1893～97年に設立された生命保険会社は30社を超え、さらに、生保類似会社や組合を含めると生命保険事業は乱立の様相を呈していた。その多くは明治生命や日本生命の成功に触発された人々によって設立されたもので、その実態は利益を上げることを第一義とする企業家の事業欲を満たすための会社が多くを占めていた。

当初、明治政府は保険事業について放任主義を採った。保険事業を取り締まる法規はなく、会社設立には何の制限もなかった。その結果、多くの泡沫保険会社が誕生したが、これらが生命保険事業の発達に少なからぬ弊害をもたらしていた。明治政府も保険会社を監督する必要性を認識し、農商務省参事官岡野敬次郎を中心に保険業法の起草を準備していた。岡野は「利益の悉くを役員株主のみが受け、被保人はそれに少しも与らないというのはよくない。この欠点を除くためには相互組織の会社をなるべく早く出現させて保険業の安全を期さねばならぬ。それには相互会社法を作るに如くはない」と考えていた（矢野恒太記念会編［1957］50頁）。

共済生命を退職した矢野は、ドイツ留学時代に知己を得た岡野に再就職の斡旋を依頼した。岡野は実務に詳しい矢野を農商務省に採用し保険業法の起草に従事させることにしたのである。

矢野は岡野のほか梅謙次郎、田部芳らとともに法案策定に取り組み、実務家

の立場から保険経営や実務知識に関する意見具申を行った。

　1900年，保険業法は貴衆両院を通過し，同年7月に施行された。矢野らが起草した保険業法は，①生命保険会社を経営するためには主務官庁の免許が必要，②保険会社は株式会社または相互会社に限る，③保険会社は他の事業を兼営できないと規定された。これによって，生命保険会社に対する監督が強化され，経営基盤の脆弱な保険会社の整理や生命保険類似会社の取締りが進んだ。

　矢野は保険業法が成立した時点で退官し，相互主義に基づく生命保険会社の設立を秘かに決意していた。しかし，保険実務に精通した人材が少なかったことから慰留され，初代保険課長（1900年7月～1901年12月）に就任している。保険課長時代は生損保約70社の検査を行っているが，結果の芳しくない会社に対しては，新契約の停止や財産の整理命令を下した。

　一連の検査によって，かつて矢野を解雇同然の形で追放した日本生命の片岡直温が社長を努める日本海陸保険会社の経営不良が発覚した。矢野の指摘を受け，同社は解散に追い込まれている。

　保険業法の施行によって，相互会社形態による生命保険会社の設立が可能となったものの，新会社はなかなか現れなかった。安田善次郎が経営する共済生命合資会社は相互会社への転換が有力視されていた。保険業法の施行によって相互会社への転換が可能となったにもかかわらず，同社は株式会社へ改組された。矢野の提唱した相互主義の理念は，安田には十分理解されていなかったのである。

　株式会社の株主は，業績が順調に拡大すればインカムゲイン（株主配当）や増資というメリットを享受できる。一方，相互会社の出資者は，基金配当率が事前に決められており株式会社のような増資メリットもない。さらに，剰余金によって出資金が逐次償還される可能性もあるため，利益を求める投資家にとって，相互会社は株式会社に比べ経済的な魅力に欠けると考えられていた。

(3)　第一生命相互会社の設立

　農商務省退官後の1901（明治34）年，中外商業新報に「相互保険会社首唱之辞」を発表して相互主義による生命保険会社の設立に本格的に着手した。社名はわが国最初の相互会社であることから，第一生命相互会社と名付けられ

表 6-5　相互会社と株式会社の相違

	相互会社	株式会社
性質	保険業法に基づき設立される営利も公益も目的としない中間法人	会社法に基づき設立される営利法人
資本	基金拠出者が拠出する基金 （基金拠出者は会社の債権者）	株主が支出する資本金 （株主は会社構成員）
構成員	社員 （保険契約者）	株主
意思決定機関	社員総会 （総代会）	株主総会
保険関係	相互保険 社員関係と保険関係が同時に発生	営利保険 保険契約により保険関係が発生
損益の帰属	社員	株主

（出所）金融庁金融審議会第二部会第15回議事録より筆者作成。

た。新会社の基金は20万円とし，保険業法の基準である予定社員100名の勧誘に着手した。

　矢野は火災保険会社と生命保険会社を相互組織で設立するつもりであったが，創業理念はなかなか理解されず，出資者を集めることは困難を極めた。苦境をみかねた岡野は，第百銀行取締役支配人の池田謙三を紹介する。池田の紹介によって原六郎（横浜正金銀行頭取），森村市左衛門（森村財閥創始者），服部金太郎（服部時計店創業者），住友吉左衛門（住友家当主）らが出資者に加わり，第一生命に対する信用は一気に高まった。1902年，創立総会が開催され，社長に柳沢保恵伯爵（柳沢吉保の末裔で，貴族院議員，東京市会議長などを歴任し当時を代表する知識人），専務取締役に矢野が就任した。

　矢野は「最大の会社たらんとするにあらずして，常に最良の会社たらんとするにあり」という経営理念を標榜し，「確実，低廉，親切」を行動指針とした（第一生命編［1972］）。第一生命の経営理念がゴータ生命保険相互会社やオールド・エクイタブル社から強い影響を受けているのは言うまでもない。

　第一生命が採用した死亡表と募集方法には，同社の独自性が色濃く反映している。明治生命をはじめ多くの生命保険会社は，保険料算出の基礎資料として英国17会社表を使用していた。矢野は日本人の死亡率に基づく死亡表（矢野氏第2表）[13]を自ら考案し，第一生命ではこれを保険料計算に採用した。矢野

氏第2表によって，わが国死亡率の実態に基づく適正な保険料の算出が可能となったのである。

契約の募集方法も矢野の理念を反映したものだった。多くの生命保険会社は，独自の代理店や外務員を通じて保険を募集するのが一般的であった。地方の名士に代理店を委嘱し，その名士を通じて地域の人々に生命保険を斡旋するという方式が採られていた。

代理店には，募集手数料として保険料の5％程度が支払われた。さらに代理店に対する接待等の営業経費の負担も少なくなかった。勿論，こうした手数料や営業経費は，加入者が支払う保険料に上乗せされる。矢野は加入者に保険料以外のコストを負担をさせないという理念を掲げ，代理店や外務員を用いない方針を採った。つまり，成功報酬や紹介手数料で新契約を買わないことを明示したのである。

矢野は急速な量的拡大を求めない漸進主義を営業方針とした。そのため第一生命の業績の進展は遅々としていた。同社の保険契約が1,000万円に達したのは，創立7年後の1909（明治42）年である。一方，1904年，第一生命に次ぐ相互会社として設立された千代田生命は，代理店制度を積極的に取り入れ，1906年に保有契約が1,000万円に達し，1908年には2,000万円を突破した。

保険募集の高コスト体質からの脱却と効率経営に向けた矢野の努力の結果，第一生命は第1回目の決算から僅かではあるが剰余金を出すことができた。さらに，1906年には第1回目の社員配当金として既払込保険料に対して3分の社員配当を実施している。同社の定款第42条は「社員配当は会社において其総額を保管し3年の後尚社員たる者にのみ配当す」と規定されていたが，矢野はこの約束を履行したのであった。第一生命に対抗するため，生命保険各社が利益金の配当を実施する動きは常態化していったのである（矢野恒太記念会編[1957]）。

東京朝日新聞[14]は，生命保険29社の多くが代理店に対する営業経費，責任準備金の欠陥，財産運用上の不備など経費の管理に問題があると指摘し，業界内で最も経費率の低い第一生命を最良の会社と論評している（矢野恒太記念会編[1957]）。

5　矢野恒太の経営思想

(1)　マネジメントにみる経営思想

　1915年，矢野は第二代社長に就任し，名実ともに同社の最高経営責任者となった。彼の経営思想の特徴は以下の諸点に集約される。①漸進主義，②無代理店主義，③高額契約主義，④厳格なアンダーライティングである（第一生命編 [1972]）。これらは，矢野が範としたオールド・エクイタブル社とゴータ生命保険相互会社の経営思想に基づいている。"Not Best Because The Biggest But Because The Best"[15]という理念の下，規模の拡大ではなく最良の会社であることを目指した。

　漸進主義とは量的拡大を追求しない姿勢であり，多額の営業コストをかけて他社と契約高を競う愚かさを矢野は嫌ったのである。当時は代理店による新契約の募集は当たり前となっていたが，量的拡大を目指さない第一生命は代理店を設置しなかった。さらにコストの大きい少額契約を避けて，1件あたり500円以上の契約のみを引き受けることとした。

　契約者への配当金を確保するためには損害率を抑制することが求められるが，同社はリスクの高い契約を排除するため，厳格なアンダーライティングを実施し良質な契約を引き受けることに注力している。

　これらの方針は，自らを利するのではなく，契約者を利する目的で遂行されたのである。株式会社では利益は株主に還元されるが，株主がいない相互会社では，利益は契約者に還元される仕組みだからである。

　矢野の経営観を語る上で忘れてはならないのが，役員の登用方針である。東洋経済新報（1930年）に掲載された「我社の経営方針」において，使用人を役員に登用しないと明言している。銀行や保険会社が使用人から役員を抜擢しているが，それは人材登用ではなく論功行賞であると批判した。生命保険会社の事業基盤は人的信用であるが故に，役員は社外から絶対的な信用を得られる人物でなければならないというのである。これは現代企業の多くが採用している社外取締役にも通じる考え方である。役員登用にみる矢野の姿勢には，最良の相互会社を築くためには，社内外のステークホルダーから信頼を得なければ

ならないという強い思いが看取できる。

　企業規模が拡大するにつれ，マネジメントを統括できる人材の必要性を感じた矢野は，岡野敬次郎に適任者の紹介を依頼している。岡野が紹介した人物は，後に第一生命社長となる石坂泰三であった。当時，逓信省為替郵貯局課長の職にあって将来を嘱望されていた石坂は第一生命への入社を逡巡した。しかし，周囲の勧めもあって，1915年に秘書役として入社を決意する。1938年，矢野から社長職を受け継いだ石坂は，同社を中堅生保から業界トップクラスの企業へ成長させている。第二次世界大戦後，石坂は改正公職追放令施行前に矢野とともに同社を去ったが，その後，東京芝浦電気社長，経団連第二代会長などの要職を歴任している。

(2) 著作にみる経営思想

　矢野は保険事業のみならず統計データの整備や社会教育にも積極的に取り組み，『金利精覧』（1904年），『ポケット論語』（1907年），『芸者論』（1912年），『日本国勢図会』（1927年）など多数の著作を残している。

　『日本国勢図会』は，青少年教育に対する矢野の思いを具体化したものである。初版序文には「編者が若し教育家であって，幾人かの青年を預かったなら，本書に書いたことだけは何科の生徒にでも教えたいと思うことである」（矢野恒太 [1927]）と記している。同書は，1927年の創刊以来，学校関係者や一般社会人を中心に産業経済の現況を知るための得がたいデータ集として広く利用されている。

　安田善次郎に請われて入社した共済生命保険においても，日本人の死亡率を基礎にした死亡表（矢野氏第1表）を自ら作成するなど，統計や数値データに強い関心を抱いていた。第一生命の決算報告書も詳細を極めていたが，これも経営の実態を数字によってすべて開示するという矢野の信念から生まれたものであった。統計的な分析に基づく合理的な経営と相互主義を基盤とした顧客第一主義が矢野の生命保険事業の根幹を形成していた。

　企業経営に成功するための要素として，「事業計画の科学的妥当性」と「信用の重要性」を挙げている（矢野恒太 [1928]）。日本人は，事業を興すにあたって成功を急ぎすぎる傾向が強いと批判し，事業計画があらゆる状況を包含

した緻密な計算の上に立案されているか否が重要であると指摘している。一方，信用については，第一生命が社会から信用を獲得するのに十数年を要した経験を踏まえ，企業家は事業の根本である信用を獲得するまでに一定期間を要することを念頭において，事業を進めなければならないと述べている。

第一生命会長職を退いた5年後の1951年，矢野は家族に見守られながら85歳の生涯を閉じた。

■ おわりに

本章では，わが国保険事業の基盤を築いた各務鎌吉と矢野恒太について検討してきた。両者に共通するのは，①保険数理に基づく客観的・合理的な意思決定，②保険事業者としての社会的責任の自覚，③契約者に対する奉仕の精神，④信用を重視する経営理念である。

各務は過去のデータを綿密に分析することによって経営不振の原因を究明し，近代的な会計方式の導入によってわが国損害保険ビジネスを国際水準へと押し上げた。データが語る真実こそが経営判断の拠りどころであった。

矢野も自ら開発した日本人の生命表（矢野氏第1表）を第1回国際アクチュアリー会議で発表するなど日本人の生命に関する研究では先駆的な業績を残している。国内での計数の活用を促すため，既述した『日本国勢図会』の刊行に心血を注いだ。

各務のアンダーライティングに対する姿勢には，保険事業者としての社会的責任の自覚と契約者への奉仕の精神が端的に表れていた。リスクとそこから予想される損害の分析が不十分であれば，顧客から過大な保険料を徴収するのみならず，損害に対して十分な補償ができない事態が生じる。損害保険が社会経済システムと極めて密接に結びついているという認識の下，各務は共同救済機関としての保険事業者の責務は適正なアンダーライティングによってのみ果たされることを強く意識していた。

矢野の場合は，相互主義による保険会社の運営こそが保険事業者としての社会的責任を果たすことであった。形態を問わず保険契約者が大切であることはいうまでもないが，矢野は株式会社の使命が株主の経済的権益の増大にあるこ

とを批判し，契約者への利益還元を優先する相互会社の優位性を主張している。

現代社会では企業の社会的責任（CSR：Corporate Social Responsibility）に関心が集まっている。その中心的な論点は，企業は誰のために存在するのかである。過度な収益至上主義が多くの企業不祥事が惹起したことへの反省を踏まえて，株主を含めたマルチ・ステークホルダーに対する社会的リターンと経済的リターンのバランスを重視する経営へと移りつつある。

損害保険は企業の事業継続リスクを軽減し，経済システムの持続可能性に資する使命を担う。生命保険は個人の生活継続リスクを軽減し，社会システムの持続可能性に資する使命を担っている。保険事業の意義とは，個人と企業によって構成される社会経済システムの持続可能性を支えることにある。

各務と矢野は，信用こそが保険事業の根幹であると述べている。利益という有形財産は信用という無形財産によって築かれるというのである。企業が社会から信用を得るには膨大な時間を要する。保険会社の信用は経営者と従業員の行動から生み出されるものであり，信用を獲得するためには努力を惜しんではならないのである。

2005（平成17）年に発覚した保険金不払いが社会問題となった。2007年に行われた不払い調査によると，第一生命の不払い件数は約7万件，不払い金額は189億円に達した。不払い金額は生命保険会社38社中第1位となった。

東京海上は保険金不払い等を理由に，2007年3月14日付で金融庁より一部業務停止命令を受けている。顧客軽視のずさんな管理体制が明らかになったことで，生保・損保両業界がこれまで築き上げてきた信頼感は大きく崩れたのである。保険事業者は，各務と矢野が示した保険事業の原点に立ち返り，失われた信用を回復するために最大限の努力を傾注すべきであろう。

1970年，日本の保険事業の発展を牽引した各務と矢野は，奇しくも同時に国際保険殿堂入りを果たす。国際保険殿堂は保険事業の発展に顕著な貢献をした者の栄誉を讃えることを目的としているが，日本人の殿堂入りは両者が初めてであった。

〈注〉

1) 本章は，長谷川 [2008] を基礎としている。
2) 船舶または積荷を担保に資金を借り入れる金銭消費貸借。担保物が海難事故で全損となった場合には元本，利息ともに返済義務を免れるという契約。
3) Lloyd's Coffee House を本拠地とする海上保険業者は Underwriters of Lloyd's Coffee House といわれる。1871 年にはロイズ法（Lloyd's Act）が制定され，法人格を持つロイズ保険組合（Corporation of Lloyd's）へ改組された。
4) 1889 年日本生命保険の創立にかかわり，1903 年社長に就任。
5) 神戸商業学校校長を経て，1917 年に東京海上の専務取締役に就任。各務とともに東京海上の経営を支えていくことになる。
6) 三井物産初代社長益田孝の実弟。
7) Amicable Society for a Perpetual Assurance Office.
8) Royal Exchange Assurance Corporation と London Assurance Corporation.
9) The Society for Equitable Assurance on Lives and Survivorship.
10) 東京帝大教授藤沢利喜太郎は，1889 年 5 月に「本邦死亡生残表」（藤沢氏第一表）を発表。その後，日本生命の要請に応じてより精緻な「第二表」を作成した。
11) 1892 年，矢野はいずれも未完に終わったが「保険医学管見録」と「保険料増加」の二編の論文の執筆を試みている。
12) 1893 年，安田善次郎は国内初の火災保険会社である東京火災（安田火災，損害保険ジャパンの前身）を傘下に収め，新たに帝国海上を設立していた。
13) 矢野が内閣統計局嘱託として研究した，日本人の死亡率に関する内閣統計局第Ⅰ表を基礎としている。
14) 東京朝日新聞は「危険なる保険会社」（1910 年 5 月 16 日），「生命保険会社の内幕」（1910 年 6 月 5 日～7 月 11 日）を掲載した。
15) この一文は 1868 年創業のメトロポリタン生命保険会社（Metropolitan Life Insurance Company の前身）の社是である。

〈参考文献〉

[保険全般]

小林惟司 [1991]『保険思想家列伝』保険毎日新聞社。
小林惟司 [2005]『保険思想と経営理念』千倉書房。
日本保険新聞社編 [1968]『日本保険業史』日本保険新聞社。
長谷川直哉 [2008]「2. 保険業界における革新者」『日本の企業家群像』文眞堂。
福沢諭吉・吉田賢輔 [2008]『西洋旅案内（リプリント日本近代文学）』国文学研究資料館。
保険評論社編 [1973]『日本保険名鑑』日本保険評論社。

保険研究所編［1982］『日本保険業史（総説編）（会社編上・下）』保険研究所。

［各務鎌吉］

稲垣末三郎［1951］『「各務氏の手記」と「滞英中の報告及び意見書」』東京海上火災保険。

岩井良太郎［1955］『各務鎌吉伝　加藤武男伝』（日本財界人物伝全集第九巻）東洋書館。

宇野木忠［1940］『各務鎌吉』昭和書房。

小暮雅一［2010］『保険の数学―生保・損保・年金』保険毎日新聞社。

小島英記［2006］「十一話各務鎌吉」『男の晩節』日本経済新聞社。

鈴木祥枝［1949］『各務鎌吉君を偲ぶ』各務記念財団。

東京海上火災保険編・刊［1964］『東京海上八十年史』。

東京海上火災保険編・刊［1979a］『東京海上火災保険株式会社百年史』。

東京海上火災保険編・刊［1979b］『東京海上の100年』。

福地桃介［1990］『財界人物我観』（経済人叢書）図書出版社。

保険研究所編『インシュアランス損害保険統計号』（各年度）。

TIME編集部［1997］『TIMEでみる日本の素顔』洋販出版。

［矢野恒太］

稲宮又吉［1962］『矢野恒太』（一人一業伝）時事通信社。

生命保険文化研究所［1990］『生命保険新実務講座第1巻総説』有斐閣。

第一生命編［1958］『第一生命五十五年史』第一生命相互会社。

第一生命編［1972］『第一生命七十年史』第一生命相互会社。

第一生命編［1982］『相互主義の由来記（附ゴータ物語）』第一生命相互会社。

保険研究所編『インシュアランス生命保険統計号』（各年度）。

矢野恒太［1927］『日本国勢図会（昭和二年版）』日本評論社。

矢野恒太［1928］「成功を欲する者は此道を行け」『実業之日本』第31巻第7号。

矢野恒太［1929］「生命保険」『社会経済体系第5巻産業』日本評論社。

矢野恒太記念会編［1957］『矢野恒太伝』矢野恒太記念会。

矢野恒太［1965］『一言集』矢野恒太記念会。

山下友信監修［1988］『相互会社法の現代的課題』矢野恒太記念会。

◇ 索　引

事項索引

◎ 数　字

4分利公債　140

◎ あ　行

アーンド・ベーシス・ロスレシオ　180
アンダーライター　182
アンダーライター業務（証券の引き受け）　6
アンダーライティング　177-178, 181, 191, 195, 197
英国17会社表　193
大元方　81-82, 84

◎ か　行

海上請合　167
海上請負　8, 170-171
海上貸借　169
海上保険専業会社　173
家屋保険法案　8
火災請合　167
火災保険専業会社　173
火災保険専門会社　8
合本主義　16
株式取引所　6-7, 171
株式取引所条例　6
為替会社　3-4, 58
為替方　56
機関銀行　124-125
「危険損失準備積立金」方式　176
逆為替　176
強制火災保険制度　8
銀行条例　5
銀行法　143
銀行簿記精法　23
銀行類似会社　4-5
金融財閥　71
金融貸借　57
金禄公債　6
金禄公債証書　22, 106
現計計算方式　174, 177-179
限月短縮令　141
国際保険殿堂　198
国立銀行条例　3-6, 17, 19, 59, 63, 106

◎ さ　行

災難請合　167
「実損払い」方式　168
死亡表　185, 193, 196
生涯請合　167
商業銀行　90, 93, 95
新案生命保険規則　189
新貨条例　17
ステークホルダー　195
政商　73
政府不換紙幣　17
生保類似会社　191
生命保険類似会社　192
世界保険殿堂　183
銭両替（脇両替）　50
セリング業務（証券の募集・売り出し）　6
漸進主義　194-195
相互会社　10, 168, 179, 186-187, 189-190, 192, 194-195, 198
相互会社形態　184
相互会社組織　185
相互主義　189-192, 196-197
相互組織　168, 184, 191, 193
損害保険経理　174
損害率　177-178

◎ た　行

兌換銀行　3
兌換銀行券　17, 64
兌換銀行条例　4
兌換紙幣　3
太政官札（金札）　53, 56
立会略則　16
担保付社債信託法　156
秩禄公債　6
地方金融　67

◎ な　行

ディーラー業務（自己売買）　6
「定額払い」方式　168
投資銀行（インベストメント・バンク）　140
投資信託　158

◎ な　行

抛銀（なげがね）　8, 170
ナショナルバンク　3, 17-18
年度別計算方式　177-178

◎ は　行

非射利主義　189
フィナンシア（金融業者）　140
フィナンシア（フィナンシア, フィナンシャー）　140
フィナンシング・ハウス　93
賦課式保険　7
不換紙幣　3, 14
藤沢氏第二表　186
ブローカー業務（委託売買）　6
包括再保険契約　182
封金　52
冒険（海上）貸借（bottomry）　169
冒険貸借　169
放資銀行　90
保険医　187-188
保険業法　179, 191-193
保険類似会社　7
募集手数料　191, 194
ポリシー・イヤー（policy year）別計算方式　178
ポリシー・イヤー・ベイシスロスレシオ（policy year basis loss ratio）　178
本両替　50
本両替商　73

◎ ま　行

松方デフレ　22, 125

◎ や 行

矢野氏第1表　196-197
矢野氏第2表　193
有価証券引受業法　158, 162

◎ ら 行

両替商　50

人名・企業名・組織名索引

◎ アルファベット

Equitable 184
Ernst Wilhelm Arnoldi 185
Liverpool 代理店 176-177

◎ あ 行

浅井良夫 45
浅野総一郎 68
雨宮敬次郎 68
アレキサンダー・アラン・シャンド 23
池田謙三 193
池田成彬 94, 98, 182
石坂泰三 196
伊藤博文 13, 16
井上馨 13
井上準之助 156
伊庭貞剛 175
岩崎弥太郎 8, 46, 172
岩下清周 9
ウィリス・フェーバー商会 181
英国十七会社表 186
エドワード・ロイド（Edward Lloyd） 169
大隈重信 8, 13, 172
大倉喜八郎 31, 46, 66
大阪現物団 152
大阪第百三十国立銀行 106
大阪野村銀行 154
大阪府立商品陳列所 175
大阪紡績 28
大阪保険株式会社 173
大阪屋商店 157
オールド・エクイタブル社 190, 193, 195
岡野敬次郎 191, 196
小野組 3, 18, 21, 30, 40, 59, 63
小野善右衛門 21

◎ か 行

各務鎌吉 10, 168-169, 175
片岡音吾 155
片岡直温 121, 173, 188, 192
北浜銀行 104, 118, 121-125

共済五百名社 7, 168, 186, 190
共済生命 186
共済生命合資会社 192
共済生命保険 70, 196
共済生命保険合資会社 190
熊谷辰太郎 28
ゲラトリー商会 177
小池銀行 143
小池合資 138
小池国三 9, 90
小池国三商店 136
甲州財閥 135
ゴータ生命保険相互会社 185, 189, 190, 193, 195
五代友厚 103

◎ さ 行

西園寺公成 27
阪谷芳郎 36
阪鶴鉄道 111-112, 120
佐々木清麿 29
佐々木勇之助 25, 29
山陽鉄道 110
渋沢栄一 6, 8-9, 46, 86, 171-172
下野直太郎 175
商栄銀行 143
荘田平五郎 176-178, 185
杉野喜精 142
住吉吉左衛門 193
住友銀行 5

◎ た 行

第一銀行 5
第一国立銀行頭取 6
第一生命 168, 186
第一生命相互会社 7, 192
第三銀行 64
第三国立銀行 57, 59-63, 67, 72
第四十五国立銀行 64
第四十四国立銀行 60
第七十五国立銀行 64
第百三十国立（百三十）銀行 111
第百三十国立銀行 107-108, 110
保任社 8
団琢磨 9, 97-98
千代田生命 194
帝国海上 8, 173
帝国海上保険 70
帝国海上保険株式会社 173
帝国生命 7, 186
東京海上 176-177, 181
東京海上保険 168, 172
東京海上保険株式会社 8, 171-172, 182, 186
東京火災保険 70, 168
東京火災保険会社 173
東京火災保険株式会社 8
東京高等商業学校 175
東京商法講習所 115
東京第一国立銀行 3, 5
渡米実業団 139

◎ な 行

中上川彦次郎 29, 86, 117
西邑虎四郎 86
日東保生会社 186
日本海上 8
日本海陸保険会社 192
日本海陸保険株式会社 173
日本火災 8
日本火災保険株式会社 173
日本銀行 4, 64
日本生命 7, 186-187, 189
日本紡織 112-113
日本郵船 182
野村銀行 155
野村元五郎 155
野村合名会社 154
野村実三郎 145, 157
野村商店 157
野村信託 155
野村生命 155
野村総本店 154
野村徳七 9, 145
野村徳七商店 145

◎ は 行

服部金太郎 193

早川千吉郎　90-91, 93
阪堺鉄道　110
百三十銀行　104, 113-114, 125
広瀬宰平　103
福沢諭吉　7, 167, 171, 187
福地桃介　182
藤川為親　62
藤田伝三郎　103, 110, 118, 121
古河市兵衛　21
平生釟三郎　175, 183

◎ ま 行

益田克徳　171, 174, 176-178
益田孝　9, 66, 86, 90, 92, 116-117, 121, 176
松方正義　66, 84
松本重四郎　9
水島鉄也　175
三井銀行　5
三井組　3-4, 56, 59, 63, 83
三井組ハウス　15, 19

三井財閥　9
三井高利　81
三井高保　92, 94-95, 97
三井同族　87-89, 92-94
三井両替店　81-82
三菱海上火災保険　182
三菱合資会社銀行部　5
三菱信託　182
三野村利左衛門　16, 82
三野村利助　86
明治火災　8
明治火災保険　182
明治火災保険株式会社　173
明治生命保険会社　7, 185-186
森村市左衛門　193

◎ や 行

安田銀行　5, 9, 63-64, 67-68, 72
安田系銀行　70
安田財閥　9, 45-46

安田商店　4, 46, 49, 53-55, 58, 62-63
安田善次郎　7, 9, 114, 168, 186, 190, 192, 196
柳沢保恵　193
矢野二郎　115, 117, 176
矢野恒太　10, 168, 179, 183, 187
矢野竜渓　45, 63
山一合資　142
山一証券　143
山辺丈夫　28
由井常彦　45, 48, 54

◎ ら 行

ロイズ　170

◎ わ 行

若尾逸平　133
若尾財閥　134
若山儀一　186

法政大学イノベーション・マネジメント研究センター叢書5

■企業家活動でたどる日本の金融事業史
　　―わが国金融ビジネスの先駆者に学ぶ―

■発行日——2013年3月26日　初　版　発　行　　〈検印省略〉

■監　　修——法政大学イノベーション・マネジメント
　　　　　　　研究センター・宇田川　勝
■編著者——長谷川直哉・宇田川　勝
■発行者——大矢栄一郎
■発行所——株式会社　白桃書房
　　　　　〒101-0021　東京都千代田区外神田5-1-15
　　　　　☎03-3836-4781　📠03-3836-9370　振替00100-4-20192
　　　　　http://www.hakutou.co.jp/

■印刷・製本——藤原印刷

　　© Naoya Hasegawa, Masaru Udagawa and The Research Institute for Innovation
　　Management, Hosei University. 2013　Printed in Japan
　　ISBN 978-4-561-76199-0 C3333

　　[JCOPY]　〈(社)出版者著作権管理機構　委託出版物〉
　　本書の無断複写は著作権法上での例外を除き禁じられています。複写される場合は、
　　そのつど事前に、(社)出版者著作権管理機構（電話03-3513-6969，FAX 03-3513-6979，
　　e-mail : info@jcopy.co.jp）の許諾を得てください。
　　落丁本・乱丁本はおとりかえいたします。

好評書

法政大学イノベーション・マネジメント研究センター叢書

渥美俊一【著】矢作敏行【編】
渥美俊一チェーンストア経営論体系[理論篇Ⅰ] 本体 4,000 円

渥美俊一【著】矢作敏行【編】
渥美俊一チェーンストア経営論体系[理論篇Ⅱ] 本体 4,000 円

渥美俊一【著】矢作敏行【編】
渥美俊一チェーンストア経営論体系[事例篇] 本体 4,000 円

宇田川勝【監修】宇田川勝・四宮正親【編著】
企業家活動でたどる日本の自動車産業史 本体 2,800 円
　―日本自動車産業の先駆者に学ぶ

宇田川勝【監修】長谷川直哉・宇田川勝【編著】
企業家活動でたどる日本の金融事業史 本体 2,800 円
　―わが国金融ビジネスの先駆者に学ぶ

西川英彦・岸谷和広・水越康介・金　雲鎬【著】
ネット・リテラシー 本体 2,700 円
　―ソーシャルメディア利用の規定因

矢作敏行・関根　孝・鍾　淑玲・畢　滔滔【著】
発展する中国の流通 本体 3,800 円

稲垣保弘【著】
経営の解釈学 本体 3,300 円

――――――――　東京　**白桃書房**　神田　――――――――

本広告の価格は本体価格です。別途消費税が加算されます。